#4

Par **François Ayroles**

SOMMAIRE

TOPO #4 Dessin de couverture : **Mrzyk & Moriceau**

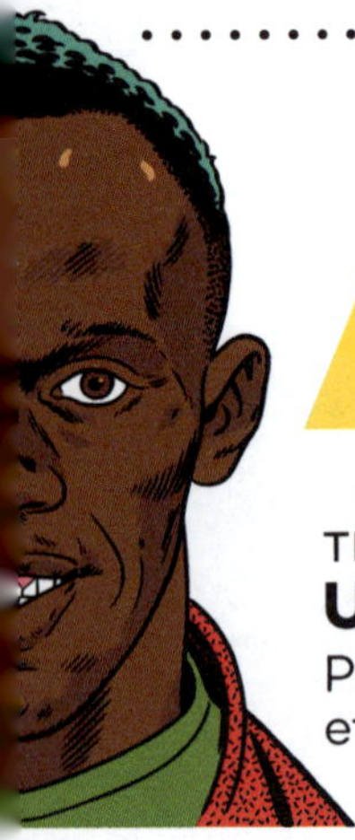

LEUR DIRE : « BONJOUR, JE M'APPELLE MÉTIS, JE VIENS D'UNE AUTRE DIMENSION... »

Et aussi

TÉMOIGNAGE

« J'avais 15 ans et je vivais à Jérusalem »

Par **Daphné Rousseau** et **Bruno Mangyoku**

BETHLÉEM, SEPTEMBRE 1993
- ELKANA -
JE M'APPELLE ELKANA. J'AVAIS 10 ANS, ET JE VIVAIS DANS UNE COLONIE ISRAÉLIENNE EN PLEIN TERRITOIRE PALESTINIEN. POUR ALLER DE CHEZ MOI (ALON SHVOUT) À MON ÉCOLE À JÉRUSALEM, JE PRENAIS LE BUS 160, QUI PASSAIT PAR LA VILLE PALESTINIENNE DE BETHLÉEM.
CE TRAJET, JE L'AI FAIT UN NOMBRE INCALCULABLE DE FOIS. MAIS CE JOUR-LÀ... C'ÉTAIT DIFFÉRENT...
LE 13 SEPTEMBRE 1993, LES ACCORDS D'OSLO FURENT SIGNÉS. ILS TENTAIENT DE CRÉER UNE PAIX ENTRE ISRAËL ET LA PALESTINE EN DONNANT PLUS DE LÉGITIMITÉ AUX PALESTINIENS. DANS LES FAITS, CELA SIGNIFIAIT LE RETRAIT DE L'ARMÉE ISRAÉLIENNE DE CERTAINES VILLES DE CISJORDANIE ET LA POSSIBILITÉ D'UN GOUVERNEMENT AUTONOME PALESTINIEN.
BETHLÉEM, LA VILLE PAR LAQUELLE MON BUS PASSAIT, ÉTAIT UNE DES PREMIÈRES VILLES CONCERNÉES PAR CES ACCORDS.
DU COUP, CE JOUR-LÀ, C'ÉTAIT LA FÊTE DANS LES RUES. DES MANIFESTANTS SCANDAIENT DES CHANTS NATIONALISTES. LE BUS PEINAIT À AVANCER...

MER MÉDITERRANÉE
LIBAN
SYRIE
PALESTINE (CISJORDANIE)
ISRAËL
ÉGYPTE
JORDANIE
ISRAËL
MON ÉCOLE
JÉRUSALEM
BETHLÉEM
PALESTINE (CISJORDANIE)
ALON SHVOUT, COLONIE ISRAÉLIENNE - CHEZ MOI -
VOILÀ À QUOI RESSEMBLAIT LE TRAJET DE MON BUS. MA COLONIE ÉTANT EN CISJORDANIE, JE DEVAIS PASSER PAR DES VILLES PALESTINIENNES POUR ALLER À JÉRUSALEM.
LIGNE D'ARMISTICE (1949)
CONTOURS DE JÉRUSALEM
JÉRUSALEM-OUEST (MAJORITÉ JUIVE)
JÉRUSALEM-EST (MAJORITÉ PALESTINIENNE)
TRAJET DE BUS
J'AIMAIS BEAUCOUP BETHLÉEM... SES RUELLES, SON MARCHÉ, SES ÉTALS DE BOUCHER OÙ PENDAIENT DES CARCASSES DE VIANDE...
PARFOIS, UNE BANDE DE GAMINS BALANÇAIENT DES PIERRES DANS LES VITRES DE NOTRE BUS. C'ÉTAIT L'AVENTURE...
... MAIS CE JOUR-LÀ, C'ÉTAIT DIFFÉRENT ...
QU'EST-CE QU'IL FAIT, CELUI-LÀ ? ...

UN POLICIER PALESTINIEN VENAIT DE MONTER DANS LE BUS. D'HABITUDE, C'EST NOUS LES ISRAÉLIENS QUI CONTRÔLIONS LES PALESTINIENS, POUR NOUS ASSURER QU'ILS NE SOIENT PAS DES TERRORISTES...
MAIS CE JOUR-LÀ, À BETHLÉEM, C'EST EUX, LES PALESTINIENS, EN TREILLIS ET AVEC KALACHNIKOV, QUI ONT ARRÊTÉ NOTRE BUS. C'ÉTAIT LA PREMIÈRE FOIS QUE JE VOYAIS DES PALESTINIENS ARMÉS...
J'ÉTAIS TERRORISÉ... JE PENSAIS QU'ILS ÉTAIENT LÀ POUR TUER TOUS LES JUIFS DU BUS...
PAN!

DES COUPS DE FEU ONT ÉTÉ TIRÉS EN L'AIR. L'ARMÉE ISRAÉLIENNE VENAIT D'ARRIVER SUR LES LIEUX.
ON NOUS A FAIT MONTER EN CATASTROPHE DANS LES JEEPS, SOUS LES JETS DE PIERRES ET LES COUPS DE FEU...
QUELQUES SEMAINES PLUS TARD, LES ISRAÉLIENS ONT CONSTRUIT UNE ROUTE DE CONTOURNEMENT AUTOUR DE BETHLÉEM. LE BUS 160 N'EST PLUS JAMAIS PASSÉ PAR LE CENTRE-VILLE.
C'ÉTAIT LA DERNIÈRE FOIS QUE JE VOYAIS BETHLÉEM, JUSQU'À MON SERVICE MILITAIRE.

SHUAFAT, JÉRUSALEM-EST, OCTOBRE 2000
- YEZID -
JE M'APPELLE YEZID. QUAND J'ÉTAIS PETIT, J'HABITAIS À JÉRUSALEM DANS UN QUARTIER PALESTINIEN ENTOURÉ DE COLONIES JUIVES.
J'ÉTAIS PASSIONNÉ DE FOOT. AVEC MES COUSINS, ON JOUAIT DANS LA COUR EN BAS DE CHEZ MOI.
ON EST LA PLUS GRANDE FAMILLE DE SHUAFAT. 2 500 PERSONNES ENVIRON. DONC TOUT LE MONDE ICI EST UN PEU MON "COUSIN"...

* SOURCE AFP, AVEC UN BILAN QUI COMPTE AUSSI LES SOLDATS.

JÉRUSALEM-OUEST, MAI 2001
- ELKANA -
MON LYCÉE SE TROUVAIT À BEIT VAGAN, UN QUARTIER DE JÉRUSALEM EN SURPLOMB DE TOUTE LA VILLE, À PROXIMITÉ DES DEUX HÔPITAUX PRINCIPAUX.
C'ÉTAIT UN LYCÉE DE GARÇONS, DU COUP, ON PASSAIT PAS MAL DE TEMPS À FAIRE DES CONNERIES...
NOTRE PROF DE MATHS ÉTAIT UNE VRAIE VICTIME...
ARI... ELKANA, JE... JE VAIS ME FÂCHER ...
ZÉRO AUTORITÉ...
BOOM!

QUAND LES ATTENTATS-SUICIDES ONT COMMENCÉ, UN RITUEL S'EST MIS EN PLACE...
ON SE PRÉCIPITAIT AUX FENÊTRES, ET EN FONCTION DE LÀ OÙ ÇA FUMAIT...
"C'EST PAS LOIN DE CHEZ MON ONCLE", DISAIT UNTEL...
"JE DOIS APPELER MA MÈRE", DISAIT UN AUTRE...
ON A PRIS LE RÉFLEXE DE COMPTER LES AMBULANCES...
... CELLES QUI METTAIENT LEURS SIRÈNES POUR COMPTER LE NOMBRE DE BLESSÉS... ET CELLES QUI NE LES METTAIENT PAS... POUR COMPTER LES MORTS...
COMBIEN LÀ, ELKANA ?
31 BLESSÉS 10 MORTS, POUR L'INSTANT...
LES COURS NE REPRENAIENT JAMAIS APRÈS UN ATTENTAT ...
EN 2002, MON PROF DE MATHS, SA FEMME ET SON FILS ONT ÉTÉ ABATTUS PAR DES SNIPERS PALESTINIENS.
APRÈS ÇA, ON A ARRÊTÉ D'HARCELER NOS PROFS.

JÉRUSALEM-EST, MAI 2001
- YEZID -
J'ÉTAIS SCOLARISÉ DANS UN LYCÉE DE JÉRUSALEM-EST.
L'ÉTABLISSEMENT ÉTAIT ESSENTIELLEMENT FRÉQUENTÉ PAR DES PALESTINIENS. NOS MANUELS VENAIENT DE JORDANIE MAIS ISRAËL EXERÇAIT UN CONTRÔLE STRICT DE LEUR CONTENU ET N'HÉSITAIT PAS À RECOURIR À UNE CERTAINE FORME DE CENSURE "POLITIQUE"...
NOTRE PROF D'HÉBREU ÉTAIT UN ARABE ISRAÉLIEN. UN PALESTINIEN AYANT OBTENU LA NATIONALITÉ ISRAÉLIENNE.
UN JOUR, IL NOUS A DIT :
BALANCER DES PIERRES, ÇA NE SERT À RIEN !
SURTOUT CONTRE UN TANK !

J'ÉTAIS HORS DE MOI, IL FALLAIT QUE JE RÉAGISSE...
ON FAIT QUOI ALORS ? ON S'ASSOIT ET ON PARLE AVEC EUX ?
LES ISRAÉLIENS NE VEULENT PAS PARLER AVEC NOUS !
YEZID ...
NON MAIS SÉRIEUSEMENT ? C'EST QUOI, VOTRE SOLUTION ? QU'EST-CE QUE VOUS PROPOSEZ ?
RIEN QUE DANS CE "MANUEL" QUE VOUS NOUS FAITES LIRE : PAS UN MOT SUR LA PALESTINE ! RIEN SUR LA COLONISATION DES JUIFS !!!
CE DÉBUT D'INTIFADA METTAIT TOUT LE MONDE À CRAN. ON ÉTAIT TOUS PRÊTS À BONDIR À LA MOINDRE REMARQUE.
MA RIPOSTE A PROVOQUÉ UNE PETITE ÉMEUTE...

C'ÉTAIT CHAUD CE MATIN AVEC LE PROF...
IL L'A CHERCHÉ ! FALLAIT PAS BALANCER UN PAVÉ DANS LA MARE COMME ÇA.
OUAIS.. AU FAIT, J'T'AI PAS DIT ...
J'ÉTAIS À LA PORTE DE DAMAS AVEC TARIK ET NABIL. ON PASSE DEVANT UN TYPE ASSIS SUR LES MARCHES...
LÀ, DES MILITAIRES ISRAÉLIENS DÉBARQUENT EN CATASTROPHE, SE RUENT SUR LUI ET LE TABASSENT AVEC LEURS CROSSES DE FUSIL ...
ON ÉTAIT UN PEU ANESTHÉSIÉS PAR LA VIOLENCE QU'ON CONSOMMAIT À LA TÉLÉ, DANS LES FILMS AMÉRICAINS... JUSQU'AU JOUR OÙ ON EST RÉELLEMENT CONFRONTÉS À UN ACTE BARBARE. ET LÀ, ON SE DIT :
EN FAIT, "TERMINATOR", C'EST NOTRE VIE ...

70 ANS DE GUERRE

1948 LES JUIFS INSTALLÉS EN PALESTINE, DE RETOUR SUR LA "TERRE PROMISE", SELON LA TORAH, SONT DE PLUS EN PLUS NOMBREUX AU LENDEMAIN DE LA SHOAH. SOUTENUS PAR LA COMMUNAUTÉ INTERNATIONALE, ILS FINISSENT PAR OBTENIR L'INDÉPENDANCE. ISRAËL EST NÉ. POUR LES PALESTINIENS, C'EST L'ANNÉE DE LA "NAKBA", LA "CATASTROPHE".

1949 LES PALESTINIENS, SOUTENUS PAR LES PAYS ARABES VOISINS D'ISRAËL, SE SOULÈVENT CONTRE L'ARMÉE DE CE NOUVEAU PAYS, MAIS ILS SONT REFOULÉS. 350 000 D'ENTRE EUX FUIENT LES COMBATS OU SONT EXPULSÉS DES ZONES CONQUISES PENDANT CETTE GUERRE PAR ISRAËL.

1967 LES PAYS ARABES VOISINS, JORDANIE ET ÉGYPTE, REPARTENT EN GUERRE CONTRE ISRAËL. ILS SONT DE NOUVEAU REPOUSSÉS ET ISRAËL AGRANDIT SON TERRITOIRE. LA CISJORDANIE EST OCCUPÉE PAR L'ARMÉE ET TOUTE LA VILLE DE JÉRUSALEM EST ANNEXÉE. LA PARTIE EST, OÙ VIVENT LES PALESTINIENS, PASSE SOUS CONTRÔLE ISRAÉLIEN.

1993 LES PALESTINIENS ONT ENGAGÉ UNE LUTTE ARMÉE CONTRE ISRAËL ET MULTIPLIENT LES ATTENTATS. LA COLONISATION ISRAÉLIENNE EN CISJORDANIE CONTINUE. MAIS LES ÉTATS-UNIS PARVIENNENT À UNE MÉDIATION TRÈS ATTENDUE : LES ACCORDS D'OSLO, QUI OUVRENT LA VOIE À UN FUTUR ÉTAT PALESTINIEN. LA DEUXIÈME INTIFADA QUI ÉCLATE EN 2000 PROVOQUERA UN NOUVEAU STATU QUO ENTRE LES DEUX PEUPLES.

ÉCOSSE, AOÛT 2001
- ELKANA -
ON EST PARTIS QUELQUES SEMAINES EN ÉCOSSE POUR FUIR L'AMBIANCE ÉTOUFFANTE DE JÉRUSALEM EN CE DÉBUT D'INTIFADA. LÀ, TOUT ÉTAIT BEAU, CALME ET PASTORAL...
9 AOÛT 2001
20 HEURES
ELKANA, ON VA MANGER...
UN TRAGIQUE ÉVÉNEMENT A SECOUÉ LE PROCHE-ORIENT CET APRÈS-MIDI À 14 HEURES...
MMH ...

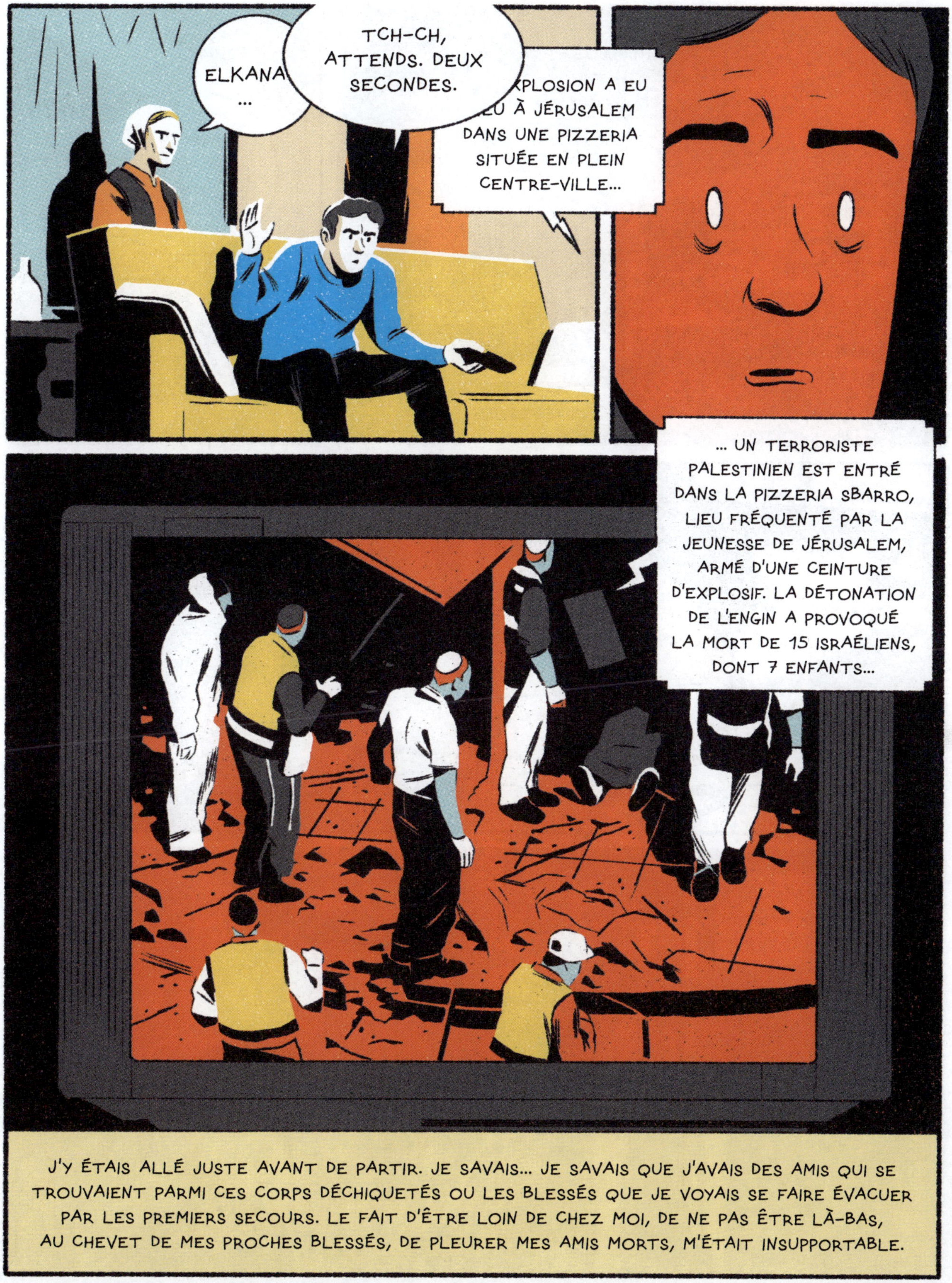
ELKANA…
TCH-CH, ATTENDS. DEUX SECONDES.
XPLOSION A EU IEU À JÉRUSALEM DANS UNE PIZZERIA SITUÉE EN PLEIN CENTRE-VILLE…
… UN TERRORISTE PALESTINIEN EST ENTRÉ DANS LA PIZZERIA SBARRO, LIEU FRÉQUENTÉ PAR LA JEUNESSE DE JÉRUSALEM, ARMÉ D'UNE CEINTURE D'EXPLOSIF. LA DÉTONATION DE L'ENGIN A PROVOQUÉ LA MORT DE 15 ISRAÉLIENS, DONT 7 ENFANTS…
J'Y ÉTAIS ALLÉ JUSTE AVANT DE PARTIR. JE SAVAIS… JE SAVAIS QUE J'AVAIS DES AMIS QUI SE TROUVAIENT PARMI CES CORPS DÉCHIQUETÉS OU LES BLESSÉS QUE JE VOYAIS SE FAIRE ÉVACUER PAR LES PREMIERS SECOURS. LE FAIT D'ÊTRE LOIN DE CHEZ MOI, DE NE PAS ÊTRE LÀ-BAS, AU CHEVET DE MES PROCHES BLESSÉS, DE PLEURER MES AMIS MORTS, M'ÉTAIT INSUPPORTABLE.

SHUAFAT, 3 AVRIL 2002
- YEZID -
MAMAN, JE SUIS RENTRÉ ...
QU'EST-CE QU'ON MANGE CE...
MES PARENTS ET MON FRÈRE ÉTAIENT PÉTRIFIÉS DEVANT LE TÉLÉVISEUR ...

JE TOURNE LA TÊTE À MON TOUR ...
ET LÀ, UN MÉLANGE DE TRISTESSE, DE COLÈRE ET D'IMPUISSANCE M'ENVAHIT...
À LA SUITE DE L'ATTENTAT-SUICIDE DU 27 MARS 2002 AYANT FAIT 30 MORTS ISRAÉLIENS PENDANT LA PÂQUES JUIVE, LE GOUVERNEMENT ISRAÉLIEN A MIS EN ROUTE L'OPÉRATION "REMPART", VISANT À CIBLER DES ENDROITS STRATÉGIQUES, SUSCEPTIBLES D'ABRITER DES CELLULES TERRORISTES. LE CAMP DE JÉNINE EN FAISAIT PARTIE.
À LA TÉLÉVISION, ON POUVAIT ENTENDRE UN PORTE-PAROLE DU GOUVERNEMENT ISRAÉLIEN DIRE : "DANS CETTE VILLE, IL N'Y A QUE DES TERRORISTES."
À L'IMAGE : DES CADAVRES D'ENFANTS.
IL A SUFFI DE CE MOMENT POUR INSTALLER EN MOI UNE COLÈRE, UNE HAINE FAROUCHE. CETTE COLÈRE A ÉTÉ MON ENTRÉE DANS L'INTIFADA.

UNE ROUTE EN CISJORDANIE, AVRIL 2002
- ELKANA -
... EN TOUT CAS, MERCI DE M'AVOIR PRIS EN STOP.
HA HA, Y A PAS DE PROBLÈME !
JE NE FAIS PAS ÇA SOUVENT, MAIS T'AS PAS L'AIR DANGEREUX DE TOUTE MANIÈRE !
JE PASSE PAS SOUVENT PAR ICI... T'AS EU DE LA CHANCE DE TOMBER SUR MOI...
... C'EST PAS LE COIN LE PLUS SÛR DE LA RÉGION ...
BAM!
BAM!
BAM!

ÇA DOIT ÊTRE MON POT D'ÉCHAPPEMENT QUI DÉCONNE ...
JE VAIS REGARDER ÇA.
JE... JE CROIS PAS QUE CE SOIT VOTRE POT D'ÉCHAPPEMENT ...
NE T'INQUIÈTE PAS, ON S'ARRÊTE JUSTE DEUX SECONDES...
IL NE FAUT PAS ÊTRE TROP PARANO NON PLUS...
BAM!
DÉMARRE !... DÉMARRE !... DÉMARRE !

ELKANA ? ÇA VA ? TU ES BLANC COMME UN LINGE...
ON NOUS A...
ON NOUS A TIRÉ DESSUS...

SHUAFAT, NOVEMBRE 2002
- YEZID -
... ON SE DONNE RENDEZ-VOUS OÙ POUR LA MANIF DE DEMAIN ?
DEVANT L'ARRÊT DE BUS, NAN ?
T'ES TOUJOURS CHAUD, RAMI ?
HMM... FRANCHEMENT, LES GARS... JE NE SAIS PAS SI JE VAIS VOUS SUIVRE SUR CE COUP-LÀ...
LES MANIF', JE VEUX BIEN, MAIS PAS À QALANDIA...
SÉRIEUX ?! TU TE DÉGONFLES LA VEILLE ? PUTAIN ! T'ES VRAIMENT...
ET TOI, YEZID ? TU VAS TE DÉBINER AUSSI ?
... T'ES MALADE OU QUOI ? ...
UNE MANIF AU CHECKPOINT... BIEN SÛR QUE JE VIENS...
LES CHECKPOINTS SONT DES POSTES DE CONTRÔLE DE L'ARMÉ ISRAÉLIENNE. IL Y EN A 26 INSTALLÉS EN PERMANENCE AUX ENTRÉES ET SORTIES DES PRINCIPALES VILLES PALESTINIENNES DE CISJORDANIE. LES PALESTINIENS QUI LES TRAVERSENT SONT FOUILLÉS ET Y ATTENDENT PARFOIS DES HEURES...

CHECKPOINT DE QALANDIA
- LE LENDEMAIN -
PAF!
T'AS RIEN À FAIRE LÀ GAMIN !!! RENTRE CHEZ TOI AVANT DE TE FAIRE TUER !!!
LÂCHE-MOI ! C'EST CHEZ MOI ICI AUSSI !

IMBÉCILE
...
BANG

BARRIÈRE DE SÉPARATION
CÔTÉ ISRAÉLIEN
2016

- ELKANA -
ILS ONT CONSTRUIT UN MUR.
UN MUR POUR NOUS PROTÉGER
...

NEHEMIA, MON BEAU-FRÈRE, A ÉTÉ TUÉ DANS UNE ATTAQUE AU COUTEAU PAR UN JEUNE PALESTINIEN DANS LA VIEILLE VILLE, EN OCTOBRE 2015...

BARRIÈRE DE SÉPARATION
CÔTÉ PALESTINIEN
2016

- YEZID -
ILS ONT CONSTRUIT
UN MUR.
UN MUR POUR
NOUS ISOLER
...

MON PETIT COUSIN DE SHUAFAT A ÉTÉ BRÛLÉ VIF PAR DES EXTRÉMISTES ISRAÉLIENS EN JUILLET 2014. ILS L'ONT FORCÉ À BOIRE DE L'ESSENCE AVANT DE LUI LANCER DES ALLUMETTES...

JE ME DEMANDE TOUT LE TEMPS POURQUOI ON EN EST ARRIVÉS LÀ, POURQUOI ILS EN SONT ARRIVÉS LÀ...
C'EST LORS DE MES VOYAGES À L'ÉTRANGER QUE J'AI VRAIMENT PRIS CONSCIENCE QUE JE VIVAIS DANS UN ENDROIT INFERNAL...
CES DERNIÈRES ANNÉES, C'ÉTAIT DEVENU TRÈS CLAIR DANS MA TÊTE QUE L'ON DEVAIT AUX PALESTINIENS UNE VIE MEILLEURE...
MAIS AUJOURD'HUI, JE SUIS DÉCIDÉ À RESTER ICI. C'EST LA MEILLEURE FORME DE RÉSISTANCE CONTRE L'OCCUPANT : VIVRE MA VIE ICI, DU MIEUX QUE JE PEUX.
MAIS DEPUIS QUELQUES MOIS, JE VOIS CE QU'IL NOUS ARRIVE AVEC DAESH... CE SONT LES MÊMES SCÈNES QUI SE RÉPÈTENT INLASSABLEMENT... JE COMMENCE À ÊTRE UN PEU PERDU.
JE NE CROIS PAS À LA PAIX AVEC LES ISRAÉLIENS. JE NE CROIS PAS NON PLUS À LA CRÉATION D'UN ÉTAT PALESTINIEN. JE CROIS JUSTE UNE CHOSE : JE SUIS ICI CHEZ MOI.

Le conflit israélo-palestinien en 8 questions

Sur ce territoire pas plus grand que la Normandie, la communauté internationale n'a jamais réussi à faire cohabiter en paix et en sécurité ces deux États.

Illustré par Matthieu Méron

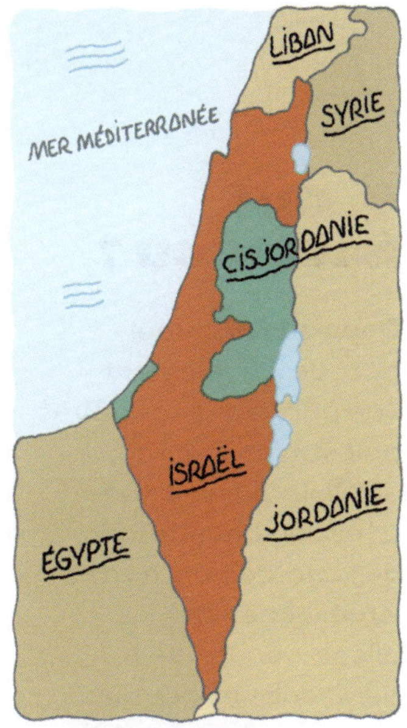

1. C'est quoi, cette guerre ?

Est-ce une guerre de religion ou un conflit de territoire ? Sans doute un peu les deux, mais plus personne ne le sait ou ne veut vraiment trancher. C'est une guerre qui semble insoluble et qui s'enlise, depuis soixante-dix ans, dans un « statu quo » de plus en plus violent.
Dernier épisode : en 2014, des tirs de roquettes déclenchés par le Hamas, la branche la plus extrémiste des Palestiniens, ont entraîné une riposte israélienne dévastatrice : près de 2 000 Palestiniens ont été tués dans les bombardements de représailles. La bande de Gaza, l'un des deux territoires contrôlés par les Palestiniens, a été ravagée.

2. Quelles sont les origines du conflit ?

L'idée d'un État juif naît au XIXe siecle sous l'impulsion de Theodor Herzl, l'inventeur du sionisme, qui prône un retour à Jérusalem, la Terre promise. S'ensuit une forte immigration juive en provenance du monde entier en Palestine, alors sous domination ottomane puis britannique.
Après la Seconde Guerre mondiale et à la suite de l'extermination des juifs d'Europe, l'ONU, soutenue par les grandes nations, cherche un territoire pour créer un État juif. Les Nations unies proposent de partager la Palestine entre un État juif et un État arabe. La population arabe locale placée devant le fait accompli refuse. Une guerre éclate le jour même de la création de l'État d'Israël.

3. Qui est impliqué ?

Aujourd'hui, 8,5 millions d'Israéliens se sentent menacés par les attentats commis régulièrement par des Palestiniens qui combattent l'État juif. À chaque épisode de violence, une fraction de la société israélienne se tourne vers des partis politiques de la droite dure qui en appellent à la force et refusent toute négociation.
De leur côté, les Palestiniens (4,5 millions d'habitants aujourd'hui), surtout les jeunes, opposés à la colonisation israélienne, se tournent vers le mouvement islamiste Hamas, au pouvoir dans la bande de Gaza et présent en Cisjordanie.
À l'aide d'une propagande ultraviolente, ce parti milite en faveur d'une lutte armée impitoyable contre les Israéliens.

4. Qui habite où ?

Depuis 1967, Israël occupe illégalement une partie des territoires palestiniens regroupés en Cisjordanie, située à l'est du pays, le long de la Jordanie. L'armée israélienne filtre les allées-venues des personnes et des biens, mène des raids et des arrestations et contrôle jusqu'à la distribution de l'eau et de l'électricité ou d'Internet dans ces territoires.

À l'ouest du pays, le long de la mer Méditerranée, s'étend le second territoire des Palestiniens. La bande de Gaza est une minuscule surface (l'équivalent de 500 terrains de football) très peuplée (on compte plus de 1,9 million d'habitants) et totalement isolée des autres territoires palestiniens.

Enfin, Jérusalem, revendiquée par tous comme étant leur capitale historique, est une ville coupée en deux. Israël, qui considère toute la ville comme sa capitale même si le reste du monde le conteste, occupe aussi la partie est de la ville depuis 1967, la partie que revendiquent les Palestiniens comme capitale.

5. Peut-on circuler librement d'un territoire à l'autre ?

Pas vraiment, surtout depuis la dernière Intifada (littéralement le soulèvement), appelée la guerre des pierres, en 2004, où la Cisjordanie a été encerclée par un mur. Selon les endroits, cette barrière est faite de béton ou d'une clôture électrifiée. Les Israéliens l'ont érigée pour empêcher l'entrée des Palestiniens en Israël et les attentats-suicides. Mais avec ce mur imposant de 730 kilomètres de long, les Palestiniens se sentent de plus en plus enfermés et croient de moins en moins en un accord possible avec les Israéliens.

6. Que provoquent les colonies israéliennes ?

En installant des colonies – des villages juifs – en Cisjordanie, les Israéliens attisent la colère des Palestiniens. Ces colonies sont considérées comme illégales par la communauté internationale, qui y voit un obstacle à la paix. Pour ne pas se fâcher avec tous ses alliés, le gouvernement israélien a renoncé à en créer de nouvelles.
Lorsque des extrémistes israéliens tentent d'implanter une nouvelle colonie en acheminant, dans la nuit, des caravanes pour s'installer dans un champ palestinien, l'armée israélienne les détruit. Mais les colonies déjà existantes s'agrandissent et ressemblent désormais à de vraies petites villes.

7. Pourquoi Israéliens et Palestiniens s'affrontent-ils encore ?

En 1993, les accords d'Oslo ont failli aboutir à la paix. Mais ils ont échoué sous la pression des plus extrémistes des deux camps.
Aujourd'hui, une partie de l'opinion israélienne s'est fortement radicalisée. Près de 400 000 colons vivent au milieu de ce que les Palestiniens voient comme leur futur État. Pour protéger ces colonies, la présence de soldats – des jeunes Israéliens qui effectuent leur service militaire obligatoire pour les filles comme pour les garçons à 18 ans – est une source quotidienne de tensions.
Le même phénomène de radicalisation s'observe côté palestinien. Ces derniers ont un drapeau, un président, des services publics, mais toujours pas d'État officiellement reconnu.
En 2014, l'Autorité palestiniennes a aussi accepté de faire entrer le Hamas, qualifié d'organisation terroriste par les Occidentaux, dans un gouvernement d'union nationale. Ce qui n'a pas réjoui les Israéliens.

8. Ont-ils une chance de faire la paix un jour ?

Ces dernières années, la frustration et la colère de certains jeunes Palestiniens ont donné lieu à une nouvelle vague de violences, avec des attaques au couteau, à la voiture bélier ou des fusillades contre les Israéliens. Certains en parlent même comme d'une « troisième Intifada », qui raidit chaque camp. Les dirigeants palestiniens modérés tentent d'obtenir à l'ONU la reconnaissance de leur État, sans avoir à négocier avec le gouvernement israélien. Sans succès.
La communauté internationale, lasse de ce conflit vieux de soixante-dix ans et très préoccupée par la Syrie, tente occasionnellement de relancer les négociations. Mais sans succès, là non plus.

LES MAÎTRES DU JEU

Scénariste, dessinateur, testeur... Travailler dans le secteur des jeux vidéo est un rêve pour de nombreux gamers. Et les métiers sont variés, à l'image des jeux eux-mêmes.

Un travail d'équipe

Par **Pierre Corbinais** et **Halfbob**

On connaît rarement le nom de ceux qui ont participé à la création d'un jeu vidéo.
Et pour cause ! Dans le cas d'un jeu vidéo à gros budget, ils sont parfois plusieurs centaines !
L'ÉQUIPE PRODUCTION
Et je voudrais remercier mes parents sans qui rien n'aurait été possible !
L'ÉQUIPE TEST
L'ÉQUIPE SON
Moi aussi !
Et moi mon chat !
Et moi ma sœur !
L'ÉQUIPE NARRATION
L'ÉQUIPE MARKETING
L'ÉQUIPE LOCALISATION
L'ÉQUIPE PROGRAMMATION
L'ÉQUIPE DESIGN
L'ÉQUIPE GRAPH
Cérémonie des Mario 2017
Lui, c'est le **game designer**. Au sein de l'équipe design, il pense le jeu dans son ensemble. C'est souvent son nom qui est connu.
Petit tour d'horizon de tous les métiers du jeu vidéo !

L'ÉQUIPE GRAPH
Le concept artist (artiste concepteur) réalise divers croquis et illustrations du personnage.
La directrice artistique choisit parmi ces illustrations celle qui conviendra le mieux au jeu.
Pour affronter une horde de zombies ? Vous êtes sûr ?
Ah mais on n'est pas sur Happy Farm, là ?
La graphiste 3D modélise le personnage en 3D.
Je vous présente Katabrina, la ravageuse de zombies !
À la bonne heure !
Pour plus de réalisme, l'artiste textures ajoute des matières un peu partout.
Magnifiques plaies, c'est délicieusement répugnant ! Et ces croûtes, un régal !
Puis l'artiste FX vient ajouter des effets spéciaux comme au cinéma.
L'artiste environnement se charge de planter le décor.
Oups.
Très belle explosion de zombie, mon petit Brandoine !
L'artiste UI ajoute une interface destinée à fournir au joueur quelques informations.
Vies
Armes
Zombies tués
Carottes

L'ÉQUIPE DESIGN

Pour que le jeu ne soit ni trop frustrant ni trop facile, le **level designer** (concepteur de niveaux) conçoit les niveaux et la difficulté du jeu.

La plupart des grosses productions de jeux vidéo comptent des combats à un moment ou à un autre et c'est le **combat designer** (concepteur de combats) qui s'en charge.

Balèze en maths, la **system designer** (conceptrice de systèmes) va quant à elle se pencher sur les jauges et les règles qui régissent le jeu : points de vie, points d'expérience, etc.

Dans le cas de jeux mobiles "gratuits" (voir "Topo 2"), le **monetization designer** (concepteur de monétisation) s'assure que les joueurs mettent la main au portefeuille.

L'ÉQUIPE PROGRAMMATION
Grâce à la **programmeuse gameplay**, les personnages peuvent marcher, courir, sauter, tirer, prendre une grenade, la lancer, etc.
Et je voudrais remercier ma programmeuse gameplay sans qui rien n'aurait été possible !
Si les ennemis du jeu vous semblent complètement stupides, c'est que le **programmeur d'intelligence artificielle** a mal fait son boulot.
Attention à ne pas les confondre avec les joueurs débutants connectés au même serveur que vous grâce à la **programmeuse réseau**.
Ben vous êtes pas très sympa avec les joueurs débutants, vous !
Mais ces trois-là n'auraient pas pu faire grand-chose sans le **programmeur d'outils et de moteurs de jeu** qui est un dur, lui, un vrai.
GN ?
Il programme les programmes avec lesquels les programmateurs vont programmer leur jeu.
Vous suivez ?

L'ÉQUIPE SON
Doubleur est un métier en soi, mais, comme dans le cinéma d'animation, il est de plus en plus fréquent de faire appel à des gens connus pour doubler les personnages.
BRGREUAR
T'as vu, c'est le chanteur de Brutal Destruction qui double les zombies !
Le compositeur est chargé de la musique du jeu. Il peut travailler seul sur son ordinateur ou entouré d'un orchestre.
Et pour plus de crédibilité, le sound designer, lui, élabore les sons qu'on entendra pendant toute la partie.
CHLAF!
Mouais.
SPLACH!
Pas mal.
MEUH!
Oups.
CHLIC!
OK.
L'ÉQUIPE NARRATION
Le scénariste se charge de la trame globale du jeu : que va-t-il se passer ?
Et là, tu te réveilles en sursaut et c'est l'horreur : Choupinou le lapin a disparu !
Pardon ? Mais je...
Mais nan ! Les zombies ont bouffé toute ta famille !
Ah ah ! t'aurais vu ta tête !
L'auteur se charge de l'écriture des textes et dialogues. Selon le jeu, il peut venir du monde du cinéma ou de la littérature.
Mes mots vont te permettre d'exprimer toute ta souffrance intérieure, ami zombie !
Le narrative designer (concepteur narratif) conçoit comment l'histoire va s'articuler et essaie de la concilier avec le gameplay.
GBREUARG
Mmm, non, ça va pas être possible.

Les maîtres du jeu

LA PRODUCTION
Les **leads** : dans chaque équipe de production, il y a un lead (=chef) qui coordonne la production au sein de l'équipe. Il rend des comptes à la chef de projet.
Chef de projet qui rend à son tour des comptes au **producteur**, qui supervise le projet et fixe les délais. S'il est le propriétaire du studio, la hiérarchie s'arrête là. Mais s'il gère l'argent de quelqu'un d'autre, s'il n'est que producteur exécutif...
... il doit rendre des comptes aux actionnaires qui ont investi de l'argent. Ils comptent sur le producteur pour leur en rapporter plus. Sauf pour rendre un jeu plus rentable, ils n'interviennent généralement pas.
Cher ami, j'ai vendu mes parts à la Farm Corporation !
Attendez-vous à quelques petits changements !
Rappelle-le-moi, ils sont combien à avoir bossé là-dessus ?
ZOMBIE INVASION

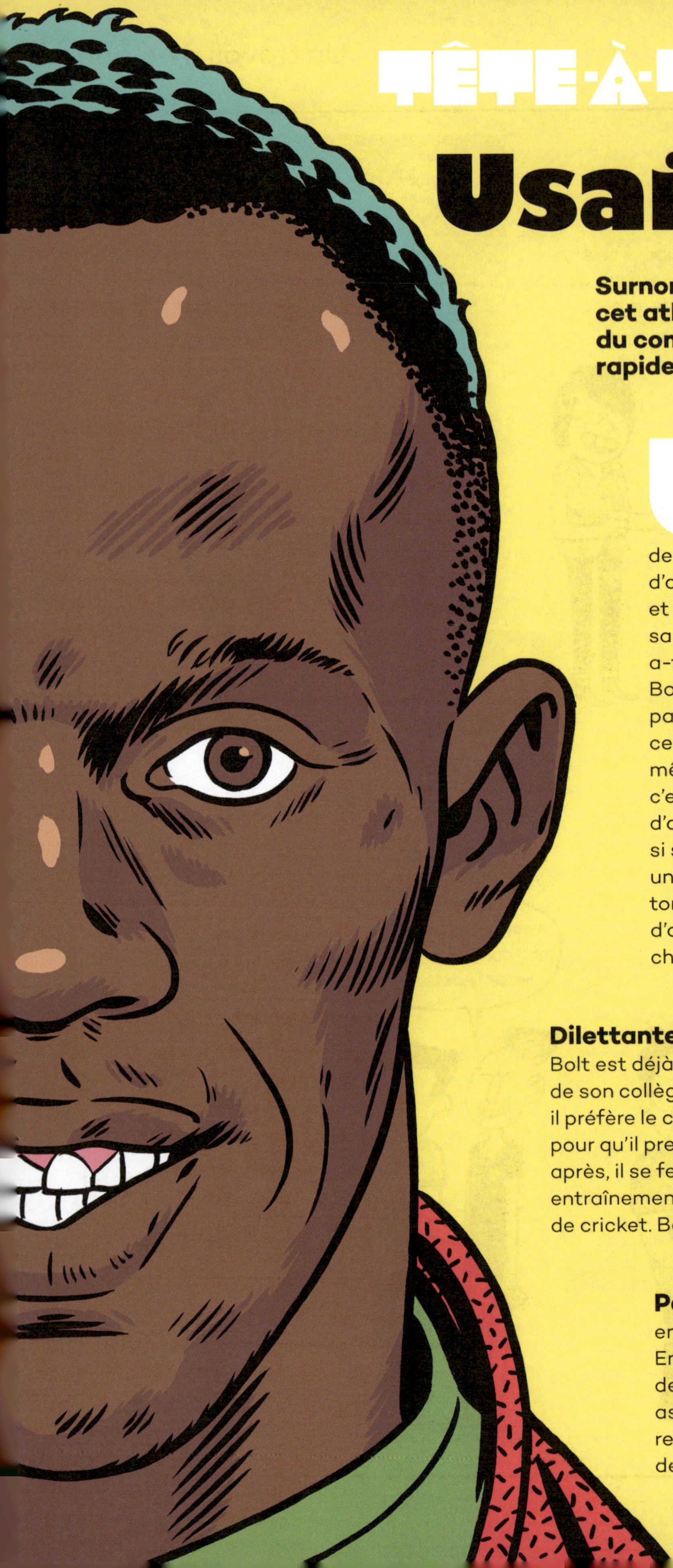

Usain Bolt

Surnommé «l'Éclair» ou «la Foudre», cet athlète jamaïcain hors du commun est l'homme le plus rapide de tous les temps.

Usain Bolt en fait-il trop ? Avant de courir, l'homme le plus rapide du monde blague et envoie des baisers à la foule. Quand, aux JO de Pékin de 2008, il se sent franchir la ligne d'arrivée en premier, il se frappe la poitrine et étend les bras comme pour attraper sa victoire. Combien de dixièmes de seconde a-t-il rabotés sur son record avec ce geste ? Bolt s'en fiche. «Je voulais une médaille d'or, pas battre un record du monde…» Comme si ce record du monde (9 secondes 69) n'avait même pas été voulu. Cette décontraction, c'est peut-être ce qui explique la cote d'amour de l'homme aux neuf médailles d'or, si sympa qu'on ne s'étonne pas d'entendre un stade entier lui chanter un happy birthday tonitruant quand il décroche une médaille d'or – une autre ! – pour le 200 mètres aux championnats du monde à Berlin, en 2009.

Dilettante. Né le 21 août 1986, en Jamaïque, Bolt est déjà, à 12 ans, le meilleur au 100 mètres de son collège. Mais peu lui importe cette voie tracée, il préfère le cricket. Il faudra que son père l'y force, pour qu'il prenne la course au sérieux. Longtemps après, il se fera remarquer en séchant ses entraînements pour aller s'éclater avec son équipe de cricket. Bolt aime s'amuser et le reconnaît.

Peut mieux faire. Éliminé en Grèce en 2004, la presse moque son indiscipline. En 2008 encore, avant l'ouverture des JO, des journalistes se demandent s'il s'entraîne assez. Mais comment peut-on cumuler records et médailles d'or et essuyer autant de «peut mieux faire» ?

Par **Guillemette Faure** et **Kristian Hammerstad**

Crâneur. Ces détracteurs invisibles sont aussi sans doute dans sa ligne de mire quand en 2012, à l'arrivée du 200 mètres à Londres, il plonge au sol et enchaîne cinq pompes. Comme s'il leur disait : « Alors, vous croyez toujours que je ne m'entraîne pas assez sérieusement ? »

Ambitieux. Les amateurs de course connaissent la pose dont, depuis 2008, il fait sa signature à chaque arrivée victorieuse. Un bras plié, l'autre tendu le doigt vers le ciel, imitant l'éclair. L'éclair Bolt. Quand il prend cette pose, sans doute sait-il qu'il est indispensable d'avoir ses gimmicks pour devenir une figure mythique du sport. Les coups de sang de McEnroe, la tchatche de Mohammed Ali, la surenchère de Zlatan… Tous ceux qui sont entrés dans la légende en faisaient trop. Et Bolt l'admet : il veut « être aux côtés des plus grands, les Mohammed Ali et Pelé ».

People. Bolt est aussi le fruit d'une époque, celle de la téléréalité, où il faut en faire trop pour exister. Comme lorsqu'il sort de sa conférence de presse à Rio encadré de douze danseuses de samba. Ses infidélités à sa petite amie ? « Pas facile de dire non quand les femmes se jettent sur vous », explique-t-il. Il ne souhaite pas fonder une famille avant 35 ans et ne comprend pas pourquoi tous les sportifs de haut niveau se croient obligés de se marier à leur première médaille. Il reste fidèle, en revanche, aux copains de toujours et à l'entraîneur de ses 16 ans.

Futé. À la finale du 200 mètres l'été dernier, les photographes le mitraillent échangeant un sourire avec Andre De Grasse sur la ligne d'arrivée. C'est le même homme qui, quand il pose pour les magazines, veille à tourner le bras de manière à ce que la montre de son sponsor – Hublot – soit bien visible. Turbulent sur le stade, il dorlote ses sponsors. Puma bien sûr, mais aussi Virgin, Visa… On estime ses revenus annuels à 32,5 millions de dollars (dont 30 par ses « partenariats »). Bolt produit des images aussi joyeuses que légendaires, et les sponsors apprécient.

Pourquoi utilise-t-on toujours plus de pesticides ?

Depuis une dizaine d'années en France, tous les ministres de l'Agriculture affichent la même ambition : réduire de moitié l'usage des pesticides. Mais malgré des études scientifiques très inquiétantes, le recours à ces produits toxiques et cancérogènes ne cesse d'augmenter. La France est aujourd'hui vice-championne d'Europe de la consommation de pesticides derrière l'Espagne.

Par **Amélie Mougey** et **Benjamin Adam**

Manger des fruits et légumes, c'est bon pour la santé !
Vous le savez : on vous le répète à longueur de publicités.
Résister à l'appel du cookie pour croquer une pomme vous remplit donc de fierté.
Oui ! Oui !
Avec ça, je vais vivre jusqu'à 150 ans !
Normal.
Sauf que, derrière son air si sain,
Bonjour, madame !
Combien pour cette belle pomme ?
CB
votre goûter est probablement toxique.
Avant d'atterrir dans votre bouche,
Je vais vous la peser, jeune fille.
SUPER discount
votre pomme a pris en moyenne 35 douches aux pesticides.
Les PESTICIDES
Sous cette appellation générique se cachent trois tueurs professionnels.
Pour protéger les récoltes, chacun cible une catégorie d'êtres vivants :
l'INSECTICIDE
l'HERBICIDE
le FONGICIDE
Je tue les champignons.
Moi les mauvaises herbes.
Et moi les insectes.
Je suis ni l'un,
ni l'autre,
ni l'autre.
CRONCH
Alors c'est quoi le problème ?
Le problème c'est que, si redoutables qu'ils soient,
PAN PAN PAN PAN PAN PA
ARGH
ARHH
GASP
ces trois tueurs ne savent pas viser.

La question du moment

* Chiffre à l'échelle mondiale tiré de l'Iaurif, l'Institut d'aménagement et d'urbanisme de la région Île-de-France. Mais selon le commissariat général au développement durable, à l'échelle nationale, 30 % des pesticides atteignent leur cible.

* L'arsénite de sodium, interdit en 2001.

Dans le même genre, en 1991
IL Y A
LA DÉCLARATION WINGSPREAD
Un groupe de chercheurs alerte sur les risques des pesticides pour la santé humaine.
DIX-SEPT ANNÉES S'ÉCOULENT
chaud devant !
2008
Le gouvernement se fixe pour objectif de réduire les volumes de pesticides de moitié d'ici à 2018.
Bon, on est en 2017. Pour 2018, c'est loupé.
Pfff
Loin de baisser, les volumes de pesticides ont augmenté d'environ 6% par an depuis 2008.
Ce n'est pas une surprise : au début de 2015 déjà, l'échec était acté.
Stéphane Le Foll ministre de l'Agriculture
On va fixer l'objectif d'une baisse de 50% en 2025...
... si possible.
Mais pourquoi de tels délais ?
Notamment à cause des fabricants de pesticides eux-mêmes.
BAYER
DUPONT
BASF
syngenta
DOW
Pour vendre leurs produits, ils sont prêts à tout.
Pour observer leur stratégie, revenons à la fin de l'année 2015, au siège de la Commission européenne, à Bruxelles.
Alors, ces petits-fours ?
Délicieux.
Vous avez un service à me demander, ou quoi ?
Ha ha !
Autour de petits gâteaux, justement.
C'est ici que se joue l'avenir de l'herbicide le plus vendu au monde : le Roundup.
ROUNDUP
Son autorisation en Europe expire en 2016.

* Pour les groupes BASF et Bayer.

Le schéma est plutôt simple :
Eh oui.
LOBBYING
+ conflit d'intérêts
+ ÉTUDES CONTRADICTOIRES
DOUTE
= IMPOSSIBILITÉ de CONCLURE au DANGER !!
On peut le répéter pour tout type de sujet.
ADMETTONS qu'on veuille interdire les carottes parce qu'elles font les fesses roses.
Il faut commencer par définir ce qu'est une carotte.
Ensuite, on définit un degré au-delà duquel il est gênant d'avoir les fesses roses.
Sans ces définitions claires de la cause et de ses effets,
On ne peut PAS rester les bras croisés !
impossible de parvenir à une quelconque action.
Il se trouve que les pesticides sont soupçonnés d'être des perturbateurs endocriniens :
ROUNDUP
c'est-à-dire, d'entraîner DES PROBLÈMES DE REPRODUCTION.
Bruxelles a travaillé à la définition de ce qu'est un perturbateur endocrinien
DE 2009 À 2016 !
Pourtant, ça n'est pas plus compliqué que le coup de la carotte et des fesses roses.
Pour la science, c'était clair depuis longtemps mais les industriels ont mené leurs propres contre-études.
Celles-ci, en questionnant tant les causes que les effets, ont permis d'entretenir le doute.
Mais PROUVEZ-LE, que ce n'est pas une carotte !
Vous voyez bien, personne n'est d'accord.
Et tant qu'il n'y avait pas de définition, il n'y avait pas d'interdiction possible.
Le plus fou, c'est que ces lobbyistes sont sûrs d'agir pour le bien de l'humanité.
Pensez-vous qu'on puisse se passer des pesticides ?
Exemple avec l'ex-directeur de l'union française d'industriels du secteur :
Les conséquences seraient dramatiques pour la sécurité alimentaire mondiale : bientôt, il faudra nourrir 9 milliards de personnes !
J'AIME les PLANTES
JE les PULVÉRISE avec AMOUR
Jean-Charles Bocquet
ex-directeur de l'UIPP
D'ailleurs, les professionnels des pesticides ne parlent jamais de pesticides,
UIPP
Union des Industries de la Protection des Plantes
mais de protection des plantes, d'innovation et de produits phytosanitaires.

* Le gaz moutarde, pulvérisé sur les soldats, et le Zyklon, utilisé dans les camps d'extermination.
Les vidéos proviennent de l'INA : "Renaissance agricole" (1953) et "Les perspectives de l'agriculture française" (1958).

Allez, on y va, merci, monsieur Fernand !
Mais, attendez !
Et si on n'en a plus ? Il se passe quoi ?
RTF
Si ON N'EN A PLUS,
selon les fabricants de pesti PRODUITS PHYTOSANITAIRES !
40% des récoltes seront perdues, ravagées par les insectes et les maladies.
Snifex
Ils ont raison : toute notre agriculture, dite industrielle, repose sur leurs produits.
S'il a bien suivi les préceptes de l'agro-industrie des années 1960,
MONSIEUR FERNAND
s'est rendu de lui-même accro aux pesticides.
En supprimant haies et bosquets pour faciliter le passage des tracteurs et pulvérisateurs,
=
il a éloigné les coccinelles et les scarabées… qui mangeaient les insectes nuisibles.
En cultivant toujours la même plante,
il a appauvri les sols et rendu les cultures plus vulnérables aux maladies.
D'ailleurs, la monoculture a un autre gros défaut :
les ŒUFS
le PANIER
en cas d'épidémie, c'est la totalité du gagne-pain de l'agriculteur qui disparaît.
Dans CE système agricole, les mots d'ordre sont
des surfaces très grandes
très peu de variétés
en quantité industrielle
Dans ces circonstances, faire sans pesticides, c'est prendre le risque d'un carnage.
Si le remède est aussi mauvais que le mal, alors que faire ?
Si on n'a pas le choix, on n'a pas le choix.
C'est un cercle vicieux.

Sinon, on envisage les choses autrement,
Nous, c'est ce qu'on fait.
comme Charles-Hervé Gruyer, fondateur de la ferme du Bec Hellouin, en Normandie.
On observe la nature, et on la prend pour modèle.
Ce qu'on fait ici, ça s'appelle de la permaculture.

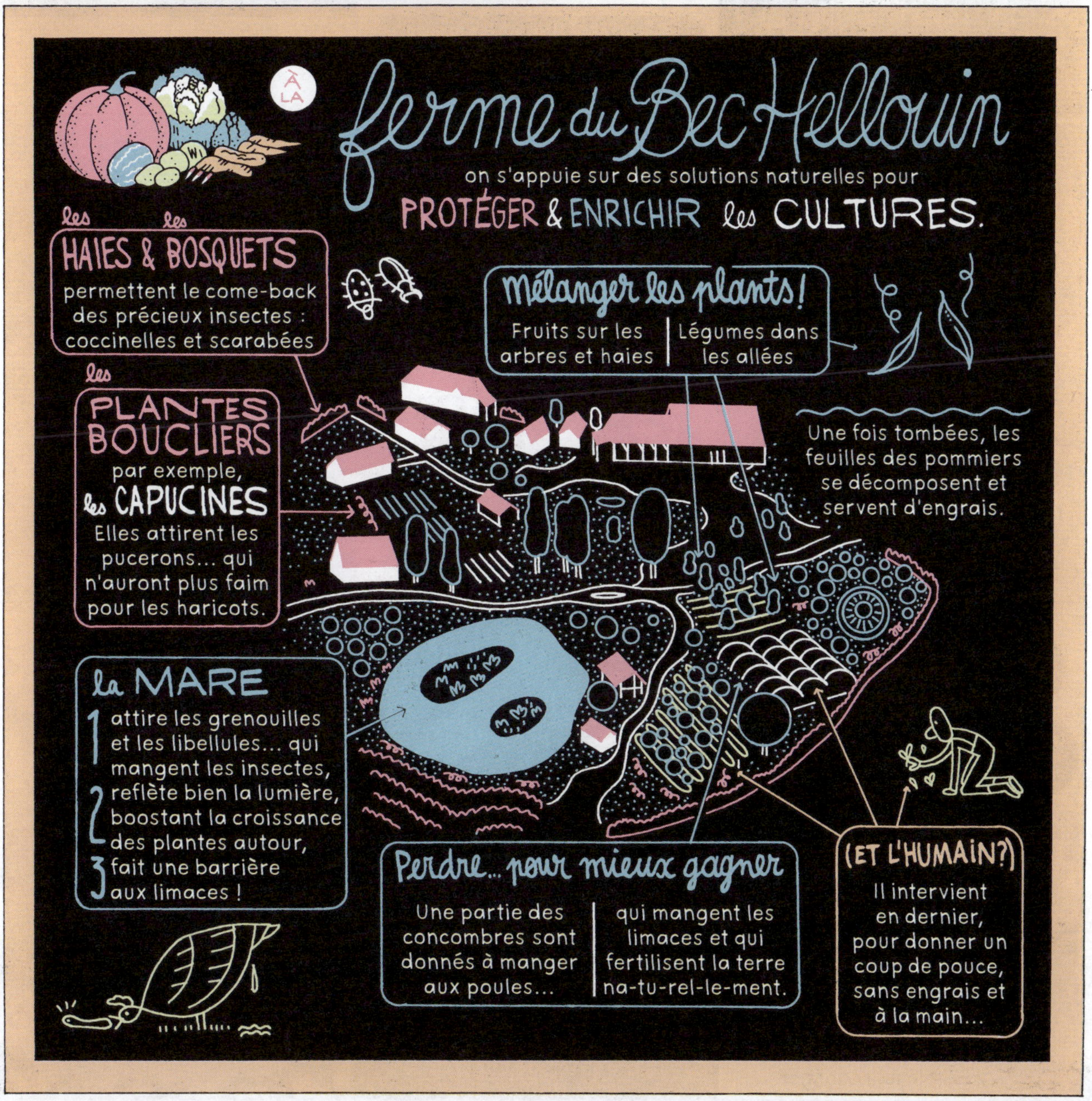
À LA ferme du Bec Hellouin
on s'appuie sur des solutions naturelles pour
PROTÉGER & ENRICHIR les CULTURES.
les HAIES & les BOSQUETS
permettent le come-back des précieux insectes : coccinelles et scarabées
mélanger les plants !
Fruits sur les arbres et haies
Légumes dans les allées
les PLANTES BOUCLIERS
par exemple, les CAPUCINES
Elles attirent les pucerons... qui n'auront plus faim pour les haricots.
Une fois tombées, les feuilles des pommiers se décomposent et servent d'engrais.
la MARE
1 attire les grenouilles et les libellules... qui mangent les insectes,
2 reflète bien la lumière, boostant la croissance des plantes autour,
3 fait une barrière aux limaces !
Perdre... pour mieux gagner
Une partie des concombres sont donnés à manger aux poules...
qui mangent les limaces et qui fertilisent la terre na-tu-rel-le-ment.
(ET L'HUMAIN ?)
Il intervient en dernier, pour donner un coup de pouce, sans engrais et à la main...

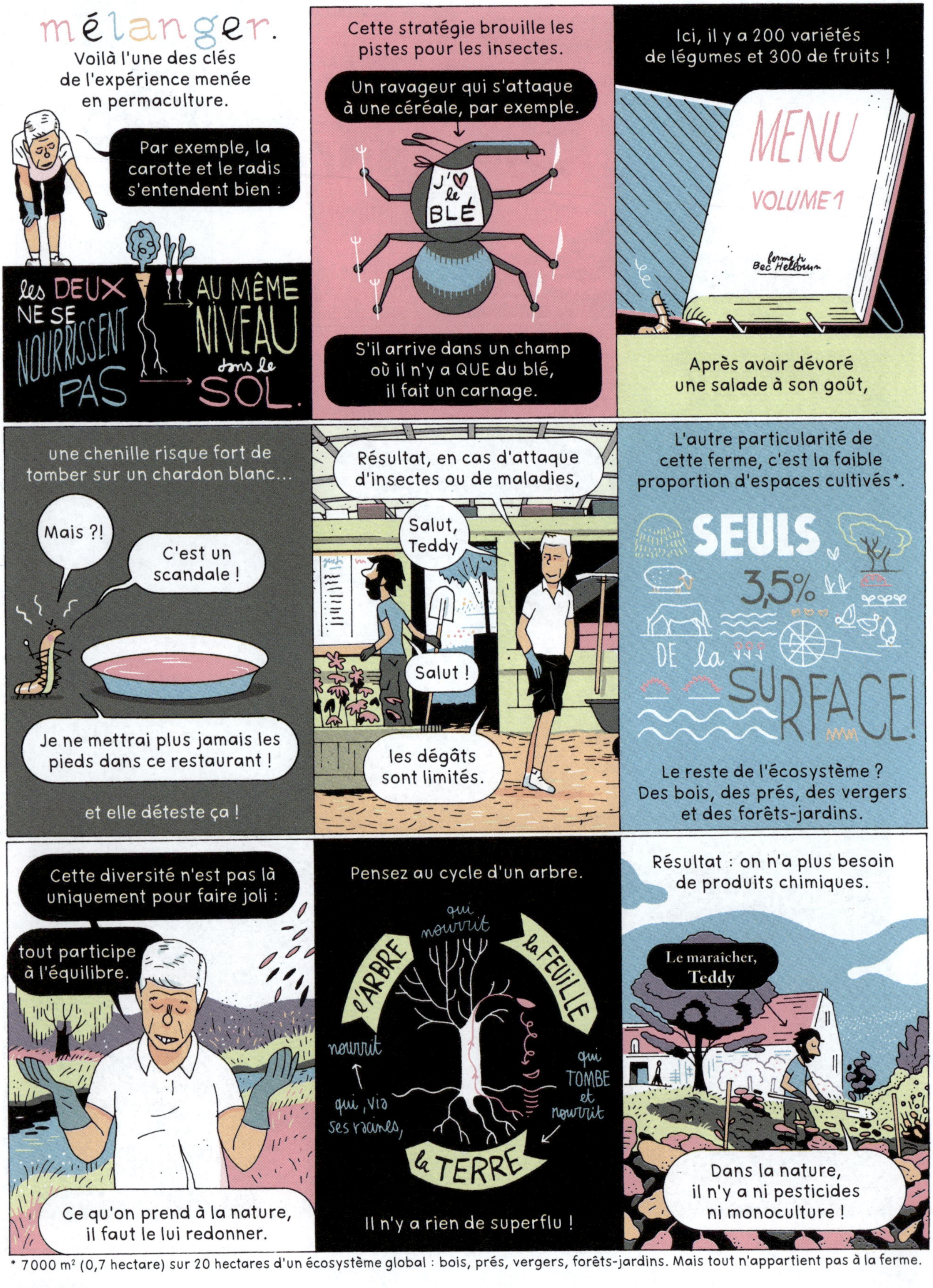

* 7000 m² (0,7 hectare) sur 20 hectares d'un écosystème global : bois, prés, vergers, forêts-jardins. Mais tout n'appartient pas à la ferme.

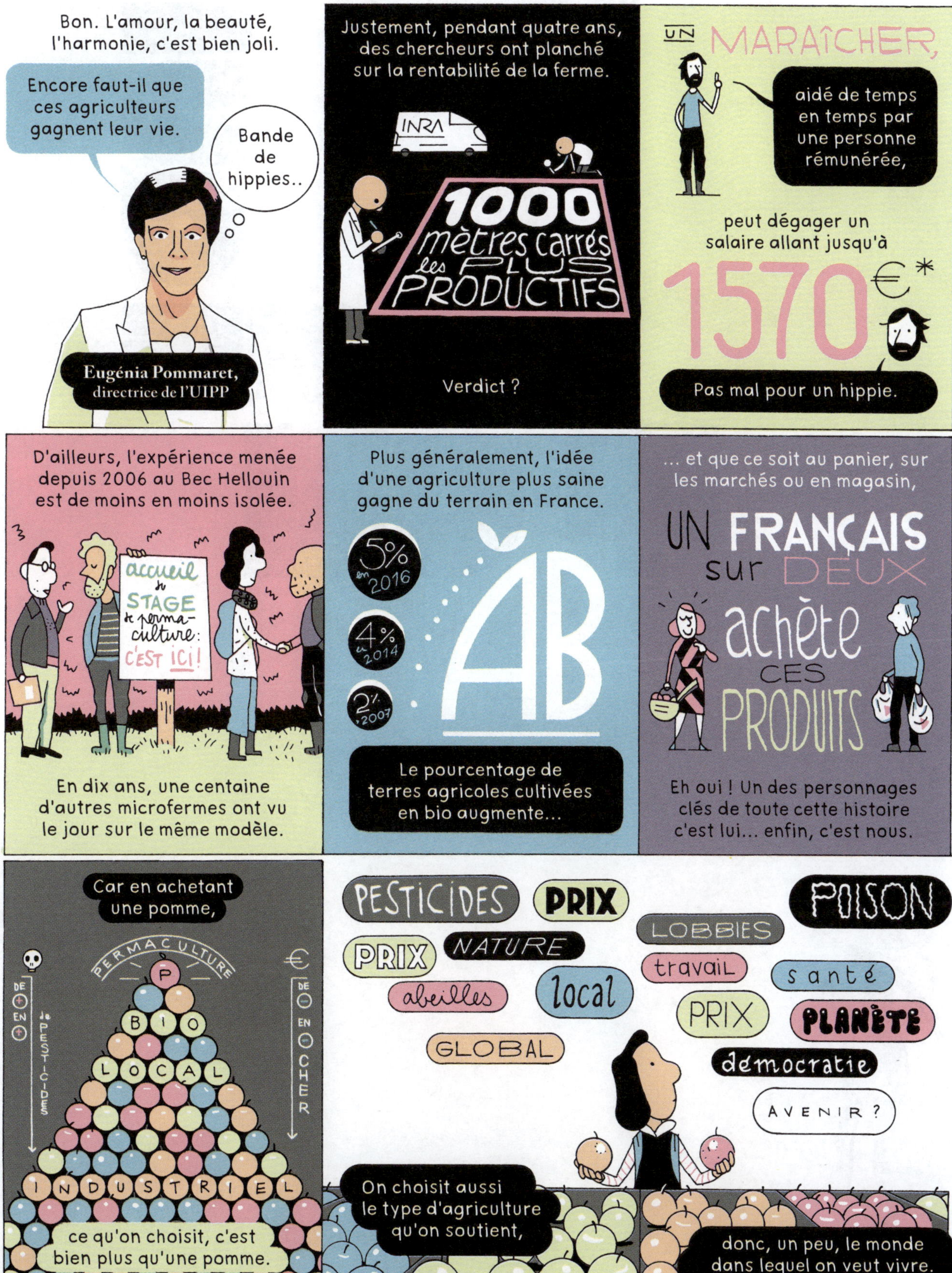

* Salaire mensuel net compris entre 1 337 € et 1 571 € selon le niveau d'investissement.

DE QUOI SE MOQUE-T-ON ?

DANS CE PHÉNOMÈNE MUSICAL NÉ EN CORÉE DU SUD EN 1992, IL N'EST JAMAIS QUESTION DE SEXE, NI DE VIOLENCE, NI DE DROGUE. SUR UN MÉLANGE DE POP OCCIDENTALE, DANS DES CHORÉGRAPHIES BIEN CALIBRÉES, LES ARTISTES CORÉENS NE PARLENT QUE D'AMOUR.

La K-Pop

Par **Pochep**

안달
났어 나 안달 났어
니가 뭔데? 너만
잘났어?
왜 나를
자꾸 놀려 놀려
너 이제 그만
왜
를
ARF!
ERFF!
꽉 잡아 날
덮치기 전에
에RF
AR에F
ARF...ERF... LES MECS, ON VA... ON VA FAIRE UNE PAUSE DE CINQ MINUTES... ERF...
... ARFF... PAS LONGTEMPS MAIS... ERF... HISTOIRE DE ...
ENFIN... BREF... ARF... VOUS VOYEZ RRFF...
POINT DE CÔTÉ
LA K-POP, C'EST VRAIMENT PAS DE TOUT REPOS, NI À FAIRE, NI POUR EN PARLER. POUR CE QUI EST DE L'ÉCOUTER, ÇA, JE VOUS LAISSE SEUL JUGE...
BON, LA CORÉE DU SUD, C'EST TOUT PETIT, SI VOUS NE VISUALISEZ PAS, JE VOUS LAISSE AUSSI LE SOIN D'OUVRIR UN MANUEL DE GÉOGRAPHIE OU DE FAIRE UNE RECHERCHE SUR LE NET.
Chine
Japon
NON, LA QUESTION EST PLUTÔT COMMENT UN PHÉNOMÈNE LOCAL FINIT PAR INVESTIR TOUS LES CONTINENTS ?..

De qui se moque-t-on ?

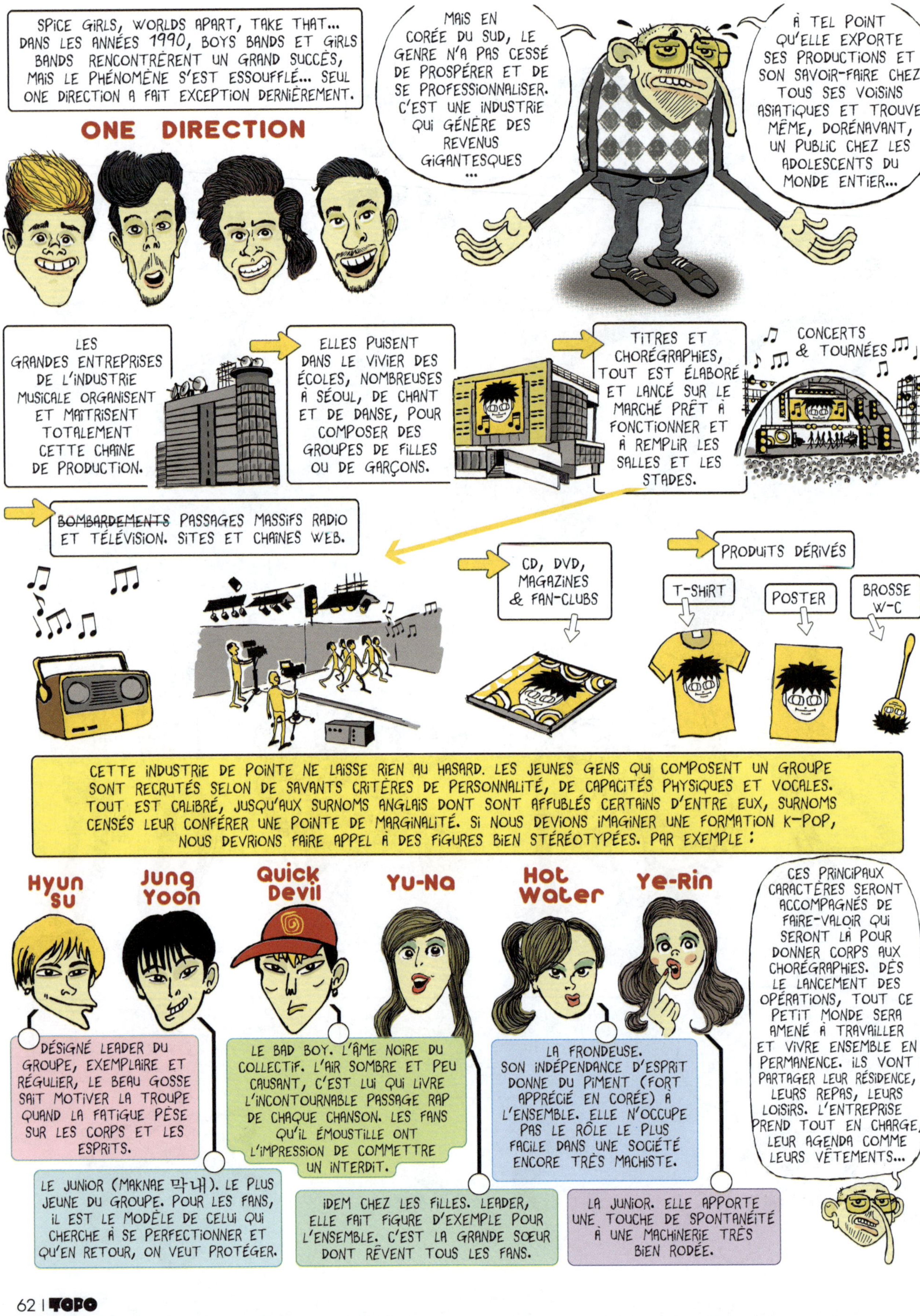

ÇA Y EST, ON A LE CASTING, MAINTENANT, FAUT METTRE TOUT ÇA EN MUSIQUE.
LA RECETTE EST SIMPLE : VOUS CHAUFFEZ UN BON GROS FOND DE POP...
VOUS LE FAITES REVENIR JUSQU'À CE QU'IL PRENNE UNE COULEUR R'N'B...
VOUS AJOUTEZ UNE DOSE DE RAP...
ET UN SOUPÇON D'ACCENT MÉTAL...
LE TEXTE MAINTENANT. DE QUOI PARLE LA K-POP ? NE CHERCHEZ PAS, ELLE PARLE D'AMOUR LA PLUPART DU TEMPS....
AMOUR ESPÉRÉ, AMOUR TRAHI, AMOUR CONTRARIÉ, AMOUR IMPOSSIBLE, AMOUR DÉÇU... LE SPECTRE EST LARGE...
사랑
"SARANG" AMOUR (PRONONCEZ SA-LANG)
IMPORTANT : RAJOUTEZ TOUJOURS QUELQUES MOTS EN ANGLAIS, C'EST MIEUX POUR VISER L'INTERNATIONAL...
왜 혼자 사랑하고 ♪ 혼자서만 이별해 ♪ 왜 다칠 걸 알면서 자꾸 니가 I LOVE YOU I LOVE YOU SO MUTCH ♪
♫ 항상 나의 곁에 있어줘 ♪ 꼭 네게만 내꿈을 맡기고 싶어 들어봐 언제까지 내맘에 ♪ 하나뿐인 소중한
♪ 되고파 너의 오빠 ♫ 너의 사랑이 난 너무 고파 되고파 너의 오빠 널 갖고 말 거야 두고 봐 ♪ 왜 내 맘을 흔드는 건데
IL REGRETTE TANT DE L'AVOIR QUITTÉE ET DE L'AVOIR TANT BLESSÉE. IL EST REVENU ET VOUDRAIT EFFACER LE PASSÉ ET QU'ELLE SACHE QU'IL N'A FINALEMENT JAMAIS CESSÉ DE L'AIMER, MAIS IL NE LE COMPREND QUE MAINTENANT. HÉLAS, AUJOURD'HUI, ELLE EN AIME UN AUTRE...
ELLE LE CROISE TOUS LES JOURS, ELLE L'OBSERVE LORSQU'IL RETROUVE SES AMIS. ELLE AIME LE SON DE SA VOIX, SON RIRE... MAIS ELLE RESTE LA FILLE À QUI PERSONNE NE PARLE, QUE PERSONNE NE VOIT. ELLE L'AIME EN SECRET. LE SOIR, SEULE, DANS SA CHAMBRE, ELLE PLEURE...
IL VOUDRAIT TANT L'AIMER ET ÊTRE À LA HAUTEUR DES SENTIMENTS QU'ELLE A POUR LUI, MAIS QUELQUE CHOSE L'EN EMPÊCHE. UN MAL DE VIVRE CONTRE LEQUEL IL NE PEUT LUTTER. IL NE VEUT PLUS LA FAIRE SOUFFRIR ET PRÉFÈRE PARTIR...
POURQUOI NE PEUT-IL L'AIMER ?... C'EST TROP ÉMOUVANT...
PFOUU... ON POURRAIT SE MOQUER, MAIS QUAND ON Y PENSE, LES CHANSONS D'AMOUR, ÇA JOUE SUR LES MÊMES REGISTRES QUEL QUE SOIT L'ENDROIT ET QUELLE QUE SOIT L'ÉPOQUE...
... BON, J'EXAGÈRE UN PEU, DANS LA K-POP, TOUT N'EST PAS QUE CHANSONS D'AMOUR. IL Y A AUSSI UNE CATÉGORIE DE CHANSONS QU'ON POURRAIT QUALIFIER DE REVENDICATIVES...
YEUX ROUGES
... DES TEXTES QUI PARLENT DE BESOIN DE LIBERTÉ, DE L'ENVIE DE S'AFFRANCHIR DE TOUTES LES RÈGLES D'UNE SOCIÉTÉ TRÈS NORMATIVE...
... CE QUI EST ASSEZ PARADOXAL QUAND ON SAIT QUE C'EST ÉCRIT PAR DES GROSSES ENTREPRISES QUI FONT CHANTER DES ADOLESCENTS TÉLÉGUIDÉS...
... ÇA ME RUINE LE MORAL, TOUT ÇA... JE VAIS ÉCOUTER UN PEU DE MUSIQUE, ÇA VA ME CONSOLER...
... MAIS POURQUOI NE PEUT-IL PAS LUI OUVRIR SON CŒUR... QUELLE EST CETTE DOULEUR QUI LE RONGE...
C'EST TROP BEAU
사랑
Pochep

New York, 11.09.2001

CE JOUR-LÀ, LE MONDE ENTIER SUIT EN DIRECT, À LA TÉLÉVISION, LE DEUXIÈME AVION QUI VIENT PERCUTER LES TOURS JUMELLES DU WORLD TRADE CENTER, À NEW YORK. CETTE ATTAQUE TERRORISTE EST, À CE JOUR, L'UNE DES PLUS MÉDIATISÉES ET PHOTOGRAPHIÉES. THOMAS HOEPKER, PHOTOJOURNALISTE DE L'AGENCE MAGNUM, EN RÉALISERA L'UN DES CLICHÉS LES PLUS CONTROVERSÉS.

Par **Pauline Auzou** et **Antony Huchette**

LE 11 SEPTEMBRE 2001, LE PHOTOGRAPHE VA SUIVRE COMME BEAUCOUP D'AMÉRICAINS LES ATTAQUES À LA TÉLÉVISION. QUAND IL SE DÉCIDE À ALLER PHOTOGRAPHIER L'ÉVÉNEMENT, LE MÉTRO NE FONCTIONNE PLUS ET IL EST TRÈS DIFFICILE D'ATTEINDRE MANHATTAN. IL SE RETROUVE BLOQUÉ À BROOKLYN, DE L'AUTRE CÔTÉ DE LA BAIE.

LA PHOTO FRAPPE PAR SON DOUBLE CONTRASTE. AU PREMIER PLAN, UN GROUPE BAVARDE TRANQUILLEMENT AU BORD DE L'EAU BLEUE, SCINTILLANTE. LE SOLEIL EST ÉCLATANT. AU MILIEU, LA MER FORME COMME UNE FRONTIÈRE AVEC CE QUI SE PASSE À L'ARRIÈRE-PLAN, OÙ SE JOUE UNE VÉRITABLE SCÈNE D'APOCALYPSE. LES ARBRES VERTS ET LES COULEURS VIVES DES VÊTEMENTS ACCENTUENT LE CONTRASTE AVEC UN MANHATTAN GRISÂTRE ET QUASI MONOCHROME.

ON A VU DES CENTAINES D'IMAGES DU 11-SEPTEMBRE, MAIS CETTE PHOTO DONNE UN POINT DE VUE DIFFÉRENT. NOUS NE SOMMES PLUS AU PIED DES TOURS : L'ATTAQUE TERRORISTE EST INSCRITE DANS SON ENVIRONNEMENT, AVEC LA VIE QUI CONTINUE À CÔTÉ DE LA TRAGÉDIE. HABITUELLEMENT, LES REPORTERS PHOTOGRAPHIENT LES ÉVÉNEMENTS AU PLUS PRÈS OU UTILISENT UN TÉLÉOBJECTIF. THOMAS HOEPKER, LUI, S'INSPIRE DE LA PEINTURE CLASSIQUE DES CHAMPS DE BATAILLE QUI DONNE À VOIR L'ENSEMBLE DE LA SCÈNE.

LA FUMÉE DES TOURS SE RÉPAND ET VA REMPLIR LE CIEL, DESSINANT COMME UNE LIGNE TRANSVERSALE QUI VIENT PERTURBER LA COMPOSITION TRÈS ARCHITECTURÉE SUR DES BASES HORIZONTALES ET VERTICALES.

IL AURA FALLU CINQ ANS À THOMAS HOEPKER AVANT DE PUBLIER CETTE IMAGE DANS UN LIVRE. ELLE NE LUI SEMBLAIT PAS APPROPRIÉE AU LENDEMAIN DE LA TRAGÉDIE, LE GROUPE AYANT L'AIR TROP DÉTACHÉ. C'EST D'AILLEURS LEUR APPARENTE INDIFFÉRENCE QUI A ÉTÉ LA CAUSE DE LA CONTROVERSE. L'UN DES HOMMES PHOTOGRAPHIÉS S'EN EST EXPLIQUÉ PAR LA SUITE : SOUS LE CHOC, IL ÉTAIT SORTI DE CHEZ LUI POUR POUVOIR PARTAGER ET ÉCHANGER AVEC SES CONGÉNÈRES NEW-YORKAIS, SPECTATEURS EUX AUSSI IMPUISSANTS DE CE DRAME.

TRANCHE DE L'ART

Des morts bien vivants

Par **Lætitia Bianchi**

GRAVEUR, ILLUSTRATEUR ET CARICATURISTE MEXICAIN, JOSÉ GUADALUPE POSADA (1852-1913) DÉNONCE À TRAVERS SON ŒUVRE LA VANITÉ DES PUISSANTS ET LA SOUFFRANCE DES HUMBLES.

MAIS QU'EST-CE QU'ON FAIT LÀ, NOUS ?
BEN... ON REGARDE LE PAYSAGE...
NON MAIS QU'EST-CE QU'ON FAIT LÀ, NOUS, DES TÊTES DE MORT ?
SUR UNE ÉCHARPE, TU VEUX DIRE ?
OUI.
ON HABILLE PEUT-ÊTRE DE TERRIBLES PIRATES ?
DES PIRATES ? ALORS ÇA, ÇA M'ÉTONNERAIT
NI DES PIRATES NI DES PUNKS, NI DES ROCKERS !
C'EST VRAI QU'ON A UNE BONNE TÊTE...
MAIS ALORS ?
C'EST LA CIRCULATION DES IMAGES !

MEXICO, ANNÉES 1890.
IL S'APPELAIT JOSÉ GUADALUPE POSADA, ET IL ÉTAIT GRAVEUR.
ILUSTRACIONES
PARA
PERIODICOS·LIBROS
J.G POSADA
TALLER DE GRABADOS
TREMBLEMENTS DE TERRE...
EN QUELQUES COUPS DE CRAYON (ET DE GÉNIE) IL A RÉVOLUTIONNÉ MON IMAGE.
GUERRES...
PAN !
ÉPIDÉMIES...
CRIMES PASSIONNELS...
TRAINS QUI DÉRAILLENT ...
...IL M'A BIEN CONNUE, ET POUR CAUSE : SON TRAVAIL, C'ÉTAIT DE DESSINER MES EXPLOITS.
IL GAGNAIT SA VIE GRÂCE À MOI, QUOI !
POUR LA PRESSE À SCANDALE, LES JOURNAUX BON MARCHÉ...
LOS DRAMAS
EL
SINIESTRO EN UN TALLER
SENSACI

CHEESE !
FINI MES AIRS MACABRES ! JE SUIS DEVENUE BEL ET BIEN VIVANTE...
SOURIANTE...
COQUETTE...
CARRÉMENT MIGNONNE, TU VEUX DIRE...
CHEZ POSADA, JE N'ÉTAIS PLUS JUSTE LA MORT. JE SUIS DEVENUE MONSIEUR ET MADAME TOUT-LE-MONDE.
JE POUVAIS BOIRE, DANSER, DRAGUER, RIRE...
...ET MÊME TRAVAILLER !
LES MORTS SE SONT MIS À VIVRE COMME LES VIVANTS.
À MOINS QUE CE NE SOIT LES VIVANTS QUE POSADA AIT DESSINÉS AVEC UNE TÊTE DE MORT !
UNE FAÇON DE NOUS RAPPELER QUE TOUS NOUS SOMMES MORTELS.
MAIS EN CHOISISSANT D'EN RIRE.
AU FINAL, ÇA REVIENT AU MÊME... ET C'EST PLUS FUN !

ON M'APPELLE « LA CATRINA » : LA COQUETTE...
MON VISAGE JOYEUX S'EST RÉPANDU DANS L'ART POPULAIRE MEXICAIN.
NOTAMMENT POUR LA FÊTE DES MORTS, TOUS LES 1ER ET 2 NOVEMBRE...
AVEC SON CHAPEAU À LA MODE ET SES GRANDS AIRS, LA CATRINA, QUE POSADA A DESSINÉE EN 1912
...EST DEVENUE LA PLUS CÉLÈBRE DE TOUTES LES CALAVERAS !
CES JOURS-LÀ, LES « CALAVERAS » SONT PARTOUT : ELLES DÉCORENT LES RUES, LES MAGASINS, LES MAISONS...
ET, BIEN SÛR, LES CIMETIÈRES !
« CALAVERA », C'EST LE NOM QU'ON NOUS DONNE, ICI.
ON EST EN PAPIER DÉCOUPÉ...
EN CARTON
...ON NOUS MANGE, EN CHOCOLAT...
...EN SUCRE
ET RIEN À VOIR AVEC HALLOWEEN !
ON CÉLÈBRE LE LIEN ENTRE LA VIE ET LA MORT QUI EXISTAIT DÉJÀ DANS LE MEXIQUE PRÉHISPANIQUE.
AUCUN ENFANT N'A PEUR DE MOI, ICI !

HEY, STOP !
FAUT PAS EXAGÉRER !
IL N'A PAS TOUT INVENTÉ, POSADA !
ON ÉTAIT LÀ AVANT !
NOUS, C'EST MANUEL MANILLA QUI NOUS A DESSINÉES...
... ET ILS TRAVAILLAIENT DANS LE MÊME ATELIER !
TU VEUX DIRE QUE POSADA L'A COPIÉ ?
BEN...
ET NOUS LES « DANSES MACABRES » !
ON EXISTAIT EN EUROPE AU MOYEN ÂGE !
ET TOI, T'ES NÉE QUAND, MA VIEILLE ?
AU XVIIe !
C'EST LA MODE DES « VANITÉS » : DES TABLEAUX OÙ UN CRÂNE EST ASSOCIÉ À DES SYMBOLES DU TEMPS...
UNE FAÇON DE DIRE : MEMENTO MORI, « SOUVIENS-TOI QUE TU VAS MOURIR »...
ET MOI ?
JE SUIS DESSINÉE DANS UN LIVRE AZTÈQUE !
OK, VOUS ÉTIEZ LÀ AVANT.
EN ART, C'EST NORMAL DE S'INSPIRER...
... ALORS OUI, SANS DOUTE, POSADA VOUS CONNAISSAIT...
... MAIS REGARDEZ-VOUS !
VOUS ÊTES STATIQUES, INEXPRESSIFS, TRISTES.
BREF... MERCI POSADA !
HERNAN CORTE
GIL BLAS COMICO
POSADA
VIVA CUBA
N° 3
A. VANEGAS ARROYO
LA PORTENTOSA VIDA DE LA MUERTE
PH. DE CHAMPAIGNE
FELIZ AÑO
ZAPATA
LA CALAVERA DE
A. VANEGA

L'IMAGE DE LA MORT, ELLE N'EST PAS PRÈS DE CREVER, C'EST MOI QUI VOUS LE DIS !
REGARDEZ-MOI ! JE DATE DE 2007.
MON NOM EST FOR THE LOVE OF GOD...
JE SUIS UNE ŒUVRE DE L'ARTISTE BRITANNIQUE DAMIEN HIRST.
8601 DIAMANTS ! PRIX DE VENTE : 100 MILLIONS DE DOLLARS !
OH ! COMME C'EST INTÉRESSANT ! UNE RÉINTERPRÉTATION CONTEMPORAINE DES VANITÉS...
MOUAIS...
OÙ L'ON PERÇOIT L'INFLUENCE DE POSADA, AVEC CE SOURIRE !
ÇA VOUS ÉPATE, HEIN ?
COUP D'ÉCLAT !
FRIMEUSE !
ON Y VA ? J'EN AI MARRE !
PFF ! JE VAUX UN MILLION DE FOIS MOINS ET JE SUIS ANONYME, MAIS JE REPRÉSENTE L'ÂME D'UN PAYS, MOI !

Moi AVANT

Moi AUJOURD'HUI

Avouez-le, vous avez déjà pensé à arrêter de fumer. Mais comme tous les adolescents, vous manquez de volonté, surtout que, pour vous, **allumer une cigarette est devenu un réflexe.**

La méthode de décompensation immersive du **Dr. Fat** vous permet de **remplacer ce réflexe par un autre réflexe.** Dès que vous éprouvez l'envie de fumer, buvez une canette de soda 33 cl du **Dr. Fat.** Je vous garantis qu'en quelques jours, vous ne toucherez plus à ces affreuses cigarettes nocives au goût âcre et répugnant qui vous empoisonnent à petit feu depuis que vous avez 14 ans...

Bientôt, vous n'aurez plus qu'une envie :

boire un délicieux et rafraîchissant soda sucré du Dr. Fat !

Pour ceux qui aimeraient savoir ce que n'est pas

Le beach volley

Le beach Volley ne se joue pas sur une plage de galets

Ni sur une plage de nudistes

Sur une plage arrière de voiture non plus

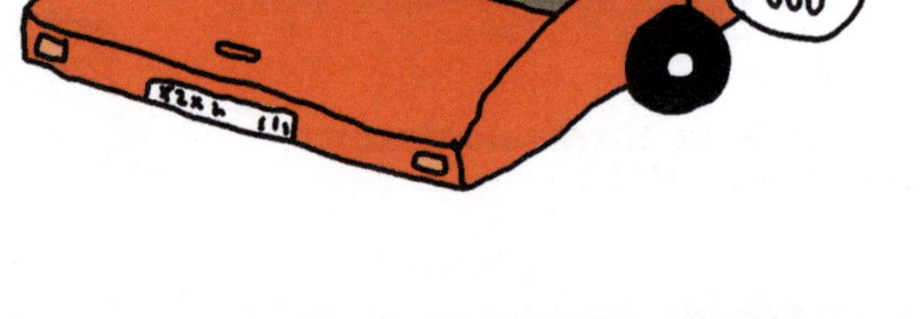

Par **Anouk Ricard**

Le son noir de l'Amérique

Par **Géraldine Ruiz** et **Marion Mousse**

NIGGA
NIGGA
NIGGA
NIGGA
NIGGA
POURQUOI KENDRICK LAMAR PRONONCE-T-IL 19 FOIS LE MOT « NÈGRE » DANS SON TUBE « ALRIGHT » ?
PARCE QU'IL EST BLACK, MEC !
PARCE QU'IL SAIT QUE LE RACISME, ÇA EXISTE TOUJOURS !
IL EXPRIME LÀ UN SENTIMENT D'INJUSTICE QUI HABITE LA POPULATION AFRO-AMÉRICAINE.
LAMAR
LAMAR
MEC !
UN SENTIMENT QUE PARTAGENT AUSSI BIEN LES NOIRS QUE LES BLANCS !
HEIN ?
MEC.
LAMAR
AR
STAX
ET QUI S'EXPRIME EN MUSIQUE DEPUIS DÉJÀ DES DÉCENNIES. NOTAMMENT CHEZ UN LABEL MUSICAL MYTHIQUE : LA STAX.
JE LE SAIS BIEN, C'EST MOI QUI L'AI CRÉÉ IL Y A PRÈS DE SOIXANTE ANS. MON NOM EST JIM STEWART.

LA STAX EST NÉE À MEMPHIS, DANS LE SUD DES ÉTATS-UNIS.
AUJOURD'HUI, LA VILLE N'EST PAS VRAIMENT CONNUE POUR ÇA.
POUR BEAUCOUP, C'EST D'ABORD LE ROYAUME DU KING : ELVIS PRESLEY.
LE KING A MARCHÉ DANS CETTE RUE !
LA PLUPART DES TOURISTES SONT LÀ POUR LUI.
ELVIS A BU UNE BIÈRE ICI !
THE KING
BEER
ET LA STAX RESTE UN PEU OUBLIÉE.
EXCUSEZ-MOI...
CE NOM ME DIT QUELQUE CHOSE...
TAX
LE KING A JOUÉ ICI ?

POURTANT, LA MUSIQUE DU LABEL A RAYONNÉ DANS LE MONDE ENTIER PENDANT PRÈS DE VINGT ANS.
OTIS
TOUT A COMMENCÉ À LA FIN DES ANNÉES 1950, QUAND JIM STEWART ET SA SŒUR ESTELLE AXTON DÉCIDÈRENT DE SE LANCER DANS LE BUSINESS DE LA MUSIQUE.
LEUR CREDO ? LA SOUL. UN MÉLANGE DE GOSPEL (CHANT RELIGIEUX) ET DE BLUES.
HUUUUMM HUU
ON VOULAIT COMMERCIALISER CETTE « MUSIQUE NOIRE » AUPRÈS D'UN PUBLIC BLANC. MAIS CE N'ÉTAIT PAS GAGNÉ D'AVANCE !
À CETTE ÉPOQUE, BEAUCOUP DE VILLES DU SUD VOYAIENT D'UN TRÈS MAUVAIS ŒIL LA COMMUNAUTÉ NOIRE.
WHITE ONLY
NO BLACK
LES NOIRS VIVAIENT DANS DES QUARTIERS DÉLAISSÉS PAR LES BLANCS. LA STAX INSTALLA SES BUREAUX DANS L'UN DE CES GHETTOS.

CAR À LA STAX, LES NOIRS ET LES BLANCS S'ASSOIENT À LA MÊME TABLE, PARTAGENT LA MÊME BOUTEILLE... ET FONT DE LA MUSIQUE ENSEMBLE.
« COLOR DOESN'T MATTER », LA COULEUR N'A PAS D'IMPORTANCE ! TEL ÉTAIT LE MOT D'ORDRE DE LA COMPAGNIE.
UN CAS INÉDIT À MEMPHIS.
AINSI, LE PREMIER TUBE DE LA STAX EST-IL JOUÉ PAR UN GROUPE COMPOSÉ DE NOIRS ET DE BLANCS.
JOHN GARY WILLIAMS FUT L'UN DES PREMIERS À FAIRE L'EXPÉRIENCE DE CETTE MIXITÉ.
C'EST VRAI.

« À L'ÉPOQUE, J'HABITAIS LE QUARTIER NOIR ET J'ALLAIS À L'ÉCOLE DANS UN LYCÉE NOIR. »
« QUAND J'AI PASSÉ L'AUDITION À LA STAX, C'ÉTAIT LA PREMIÈRE FOIS DE MA VIE QUE JE CÔTOYAIS DES BLANCS ! »
« PARLER À UN BLANC ÉTAIT ALORS INIMAGINABLE. »
« POURTANT, C'ÉTAIT FACILE. ON PARLAIT LA MÊME LANGUE ! »
DI DOU DA TOUM
BAM BAM
AUJOURD'HUI, LA CHOSE PARAÎT ANODINE, MAIS À L'ÉPOQUE... C'ÉTAIT INCROYABLE !
L'ESCLAVAGE AVAIT ÉTÉ ABOLI IL Y AVAIT PRESQUE UN SIÈCLE. MAIS DANS LE SUD, LES NOIRS N'ÉTAIENT TOUJOURS PAS CONSIDÉRÉS COMME LES ÉGAUX DES BLANCS.
WHITE
COLORED
DRINKING FOUNTAIN

PIS, LE RACISME ÉTAIT UNE CHOSE ACTÉE PAR LES LOIS JIM CROW PROMULGUÉES ENTRE 1876 ET 1964. C'ÉTAIT SIMPLE : SÉPARATION PHYSIQUE SYSTÉMATIQUE DES NOIRS ET DES BLANCS.
EN UN MOT : LA SÉGRÉGATION.
DANS LES ÉCOLES, LES CAFÉS, LES BARS ET LES RESTAURANTS...
BAR
NO NEGROES MEXICANS DOGS
LE BUS...
DERRIÈRE !
Y A PLUS DE PLACE !
LES IMBÉCILES AVAIENT LA LOI POUR EUX.
DÉSOLÉ, NÉGRO, SOIRÉE POUR BLANCS. SI ÇA NE TENAIT QU'À MOI, JE TE LAISSERAIS ENTRER, TU SAIS.
MAIS JE NE VEUX PAS ÊTRE HORS LA LOI.
ET PUIS IL Y AVAIT DES GENS COMME JIM ET ESTELLE...
... POUR QUI « COLOR DOESN'T MATTER ».
DE FAIT, LA STAX ÉTAIT TRÈS CRITIQUÉE. SOUVENT DE FAÇON RADICALE.
AX
TROISIÈME FOIS EN UN MOIS, JIM.
ON DEVRAIT RECRUTER UN VITRIER NOIR !

MAIS JIM ET SA SŒUR CONTINUÈRENT.
LA STAX OBTINT UNE DISTRIBUTION NATIONALE ET LE LOGO DEVINT UNE MAIN AUX DOIGTS QUI CLAQUENT, UNE MAIN BLANCHE SUR FOND NOIR.
STAX
AU DÉBUT DES ANNÉES 1960, CE FURENT LES PREMIERS SUCCÈS.
ET LES PREMIÈRES STARS 100 % STAX, COMME OTIS REDDING.
AVEC LES DISQUES SOUL DE LA STAX, LE GOSPEL PUT SORTIR DES ÉGLISES ET LE BLUES DES BARS ENFUMÉS DES GHETTOS...
STAX CONCER
... POUR LE SALON DE TOUTE L'AMÉRIQUE.

DANS LE GOSPEL DES ÉGLISES ET LE BLUES DES PIONNIERS, LES PAROLES ÉTAIENT CLAIREMENT ENGAGÉES, DÉNONÇANT LES HORREURS QUOTIDIENNES DE LA SÉGRÉGATION ET DU RACISME...
BIEN SÛR, DANS LA SOUL DE LA STAX DESTINÉE AUX BLANCS, LES TEXTES FURENT FORTEMENT ÉDULCORÉS.
LOVE LOVE LOVE
MAIS AU TOURNANT DES ANNÉES 1960, LA STAX COMMENÇA À LAISSER SES ARTISTES EXPRIMER LEUR RESSENTI.
RESPECT
RESPECT
RESPECT !
DEPUIS DÉJÀ LE MILIEU DES ANNÉES 1950, DES ACTES DE RÉBELLION CONTRE LES MESURES SÉGRÉGATIONNISTES S'ENCHAÎNAIENT...
J'AI DIT : AU FOND !
NON
CERTAINS, EN APPARENCE TOTALEMENT ANODINS, EURENT UN RETENTISSEMENT DANS TOUT LE PAYS, COMME CELUI DE ROSA PARKS.

ATTENDS ? LA MEUF, ELLE A JUSTE PAS VOULU CHANGER DE PLACE DANS LE BUS ?
ELLE EST RESTÉE LÀ ! QUÉBLO, JUSQU'AU TERMINUS ! LES FACHOS ÉTAIENT VERTS ! UNE MEUF, MEC !
OK !
LAMAR
RESPECT !
LAMAR
D'AUTRES FURENT TERRIBLES, COMME L'ASSASSINAT DU RÉVÉREND NOIR MARTIN LUTHER KING.
PAPA, ILS DISENT QUE LE KING EST MORT.
ELVIS ?
MARTIN LUTHER KING ÉTAIT LE LEADER DU MOUVEMENT POUR LES DROITS CIVIQUES DES AFRO-AMÉRICAINS.
FREEDOM NOW !!
WE WA EQUALITY
LET ME ION NOW
LA POPULATION NOIRE FIT DE NOMBREUSES MARCHES DERRIÈRE LUI.
QUE LE NOIR SOIT ENFIN L'ÉGAL DU BLANC, C'ÉTAIT SON RÊVE.
I HAVE
...
A DREAM.
ÇA, C'EST L'HÔTEL OÙ MARTIN LUTHER KING FUT ASSASSINÉ, EN 1968.
À MEMPHIS, DANS MA VILLE.

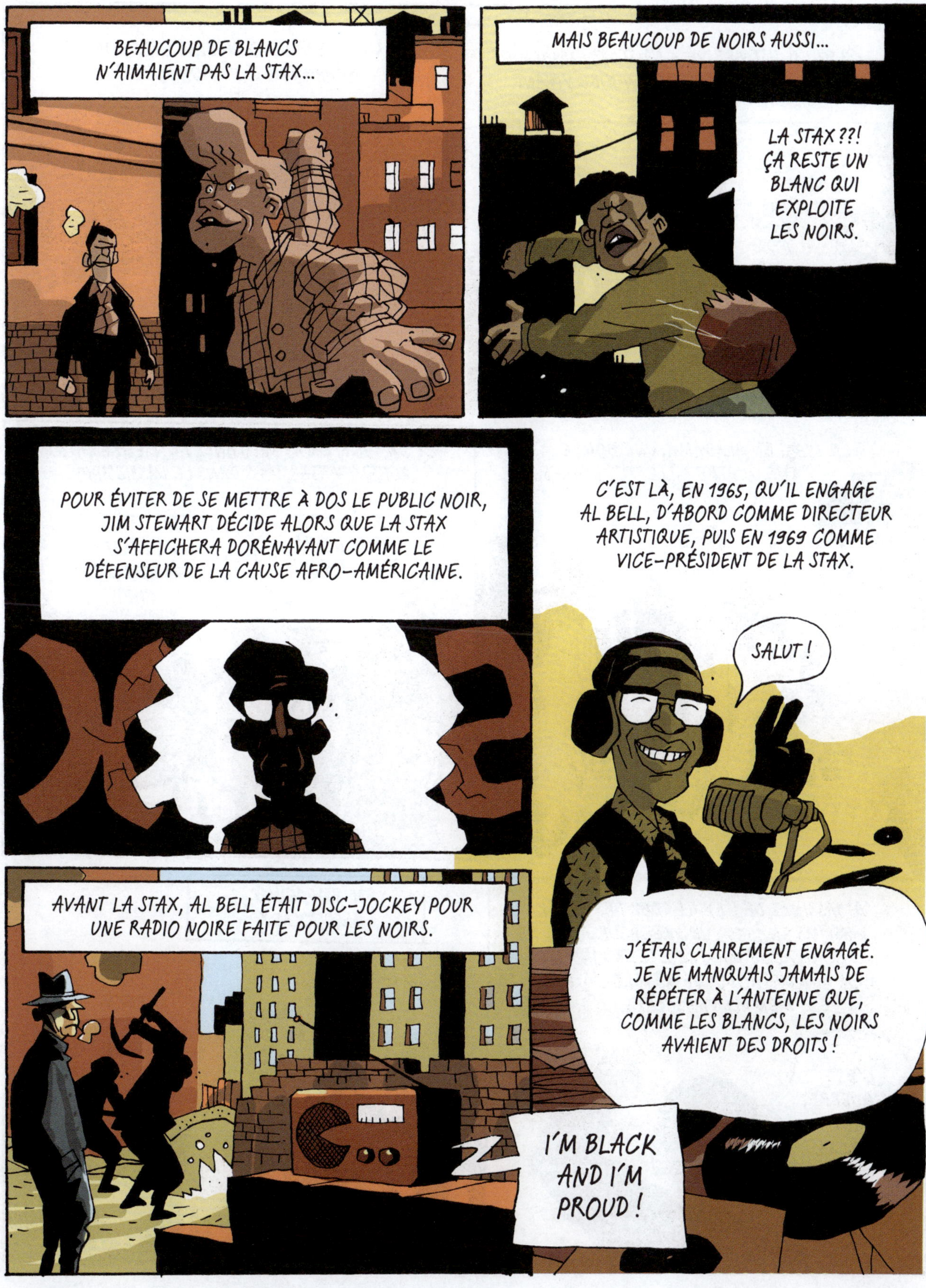
BEAUCOUP DE BLANCS N'AIMAIENT PAS LA STAX...
MAIS BEAUCOUP DE NOIRS AUSSI...
LA STAX ??! ÇA RESTE UN BLANC QUI EXPLOITE LES NOIRS.
POUR ÉVITER DE SE METTRE À DOS LE PUBLIC NOIR, JIM STEWART DÉCIDE ALORS QUE LA STAX S'AFFICHERA DORÉNAVANT COMME LE DÉFENSEUR DE LA CAUSE AFRO-AMÉRICAINE.
C'EST LÀ, EN 1965, QU'IL ENGAGE AL BELL, D'ABORD COMME DIRECTEUR ARTISTIQUE, PUIS EN 1969 COMME VICE-PRÉSIDENT DE LA STAX.
SALUT !
AVANT LA STAX, AL BELL ÉTAIT DISC-JOCKEY POUR UNE RADIO NOIRE FAITE POUR LES NOIRS.
J'ÉTAIS CLAIREMENT ENGAGÉ. JE NE MANQUAIS JAMAIS DE RÉPÉTER À L'ANTENNE QUE, COMME LES BLANCS, LES NOIRS AVAIENT DES DROITS !
I'M BLACK AND I'M PROUD !

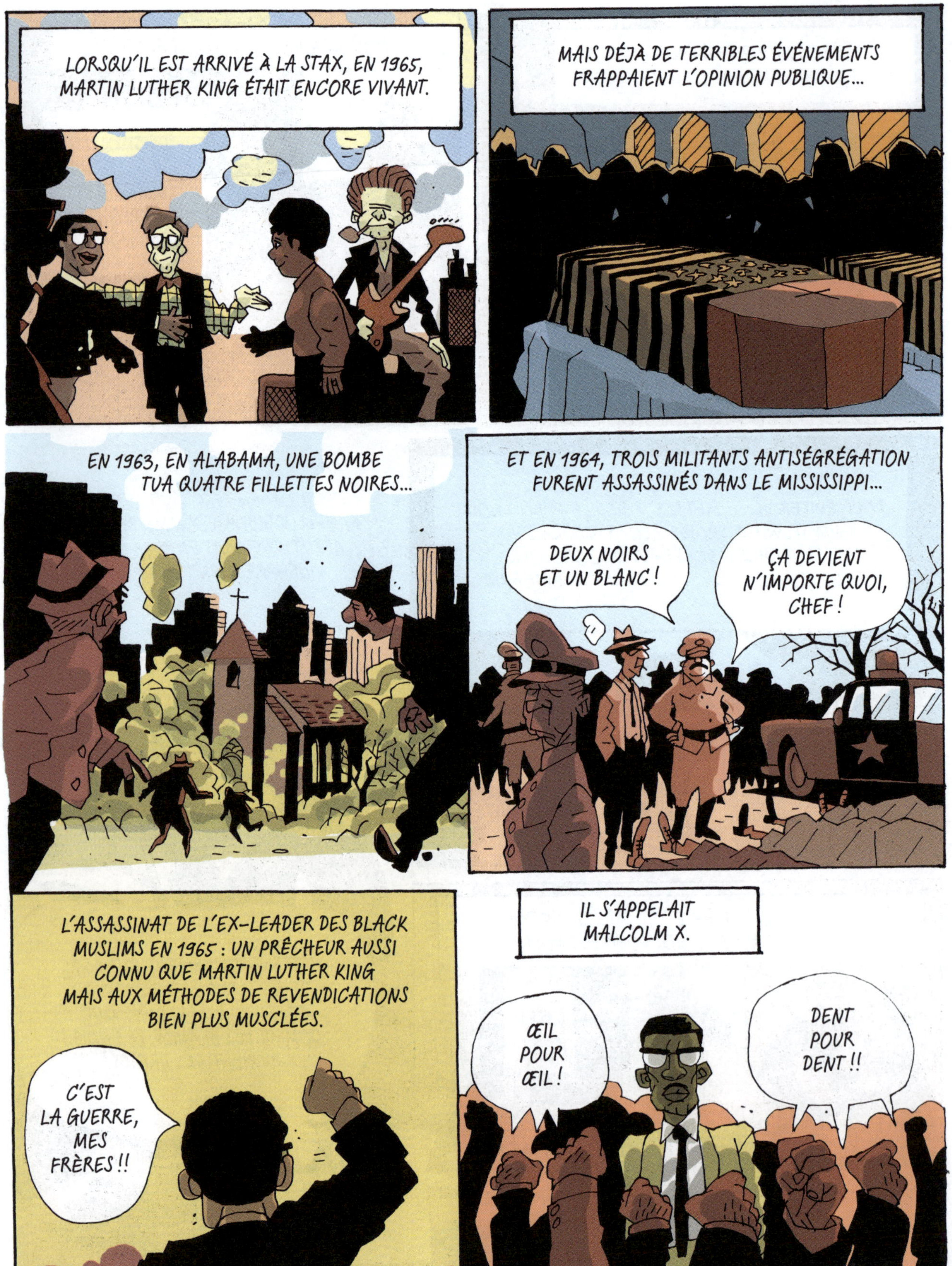
LORSQU'IL EST ARRIVÉ À LA STAX, EN 1965, MARTIN LUTHER KING ÉTAIT ENCORE VIVANT.
MAIS DÉJÀ DE TERRIBLES ÉVÉNEMENTS FRAPPAIENT L'OPINION PUBLIQUE...
EN 1963, EN ALABAMA, UNE BOMBE TUA QUATRE FILLETTES NOIRES...
ET EN 1964, TROIS MILITANTS ANTISÉGRÉGATION FURENT ASSASSINÉS DANS LE MISSISSIPPI...
DEUX NOIRS ET UN BLANC !
ÇA DEVIENT N'IMPORTE QUOI, CHEF !
L'ASSASSINAT DE L'EX-LEADER DES BLACK MUSLIMS EN 1965 : UN PRÊCHEUR AUSSI CONNU QUE MARTIN LUTHER KING MAIS AUX MÉTHODES DE REVENDICATIONS BIEN PLUS MUSCLÉES.
C'EST LA GUERRE, MES FRÈRES !!
IL S'APPELAIT MALCOLM X.
ŒIL POUR ŒIL !
DENT POUR DENT !!

FLASH INFO DU 10 DÉCEMBRE 1967. LA STAR DE LA STAX OTIS REDDING EST MORTE CETTE NUIT DANS UN ACCIDENT D'AVION...
ISAAC A RAISON, JIM. LA STAX DOIT CLAIREMENT PRENDRE POSITION...
LE RÉVÉREND KING A ÉTÉ ASSASSINÉ. OTIS EST MORT. DES NOIRS SE FONT TUER. LE PUBLIC EST EN COLÈRE.
SI ON VEUT ÉVITER UNE GUERRE CIVILE, ON DOIT DONNER AUX FRÈRES D'AMÉRIQUE DE QUOI CRIER LEUR DÉSESPOIR.
ISAAC HAYES
LEUR DONNER UN PORTE-VOIX !
À CE MOMENT CRITIQUE DE L'HISTOIRE DES ÉTATS-UNIS, LA STAX VA SUIVRE L'EXEMPLE DU CINÉMA EN POLITISANT LES TEXTES ET LA MUSIQUE DE SES ARTISTES.
BANG !! BANG !!
CE FUT LA « BLAXPLOITATION », UN COURANT CULTUREL ET SOCIAL QUI AVAIT POUR BUT DE VALORISER LA POPULATION AFRO-AMÉRICAINE. ELLE AVAIT ENFIN LA POSSIBILITÉ DE RÉAGIR AU RACISME ET À LA SÉGRÉGATION.
PARDON !
PARDON ! PARDON ! PARDON !

EN 1971, LE FILM « SHAFT » DEVIENDRA CULTE : UN DÉTECTIVE NOIR RECHERCHE UNE JEUNE FILLE KIDNAPPÉE ET SE RETROUVE AU CŒUR D'UNE GUERRE ENTRE DEUX MAFIAS, LES BLANCS ET LES NOIRS.
IL EST FLIC À HARLEM… IL S'APPELLE
SHAFT
ISAAC HAYES, NOUVELLE RECRUE À SUCCÈS DE LA STAX, SIGNE LA MUSIQUE. UNE BO DEVENUE MYTHIQUE !
DÈS LORS, LE LABEL SIGNE DE NOMBREUX ARTISTES : LA MUSIQUE SE MODERNISE ET SE RADICALISE VERS PLUS D'EXPÉRIMENTATION.
TUUUUUUL
BAMBAMBAM
?
MAIS TOUS LES MORCEAUX FONT PLUS DE 6 MINUTES ! IMPOSSIBLE DE PASSER ÇA À LA RADIO, ISAAC !
JE SAIS, JIM…
LE BON CÔTÉ, C'EST QUE LA STAX AVAIT TROUVÉ UN NOUVEAU PUBLIC : LES JEUNES. MOI-MÊME, JE N'AVAIS QUE 35 ANS !
SI SI… HÉ ! HÉ !

CE FUT L'ÉPOQUE DES CONCERTS GÉANTS.
COMME LE WATTSTAX, EN 1972, À LOS ANGELES, OÙ LES HABITANTS DES QUARTIERS DÉFAVORISÉS DE WATTS CÉLÉBRÈRENT LA SEPTIÈME ANNÉE DES ÉMEUTES NOIRES DE LEUR VILLE.
TOUTES LES STARS DE LA STAX ÉTAIENT LÀ : DU VÉTÉRAN RUFUS THOMAS AU DERNIER ARRIVÉ, ISAAC HAYES.

L'APPARITION DE CE DERNIER RESTA GRAVÉE DANS LES MÉMOIRES...
CHAÎNES EN OR
LE CONCERT FUT UN SUCCÈS ET LES IMAGES FIRENT LE TOUR DE LA PLANÈTE.
MALGRÉ TOUT, POUR LA STAX, LES JOURS ÉTAIENT DÉJÀ COMPTÉS...

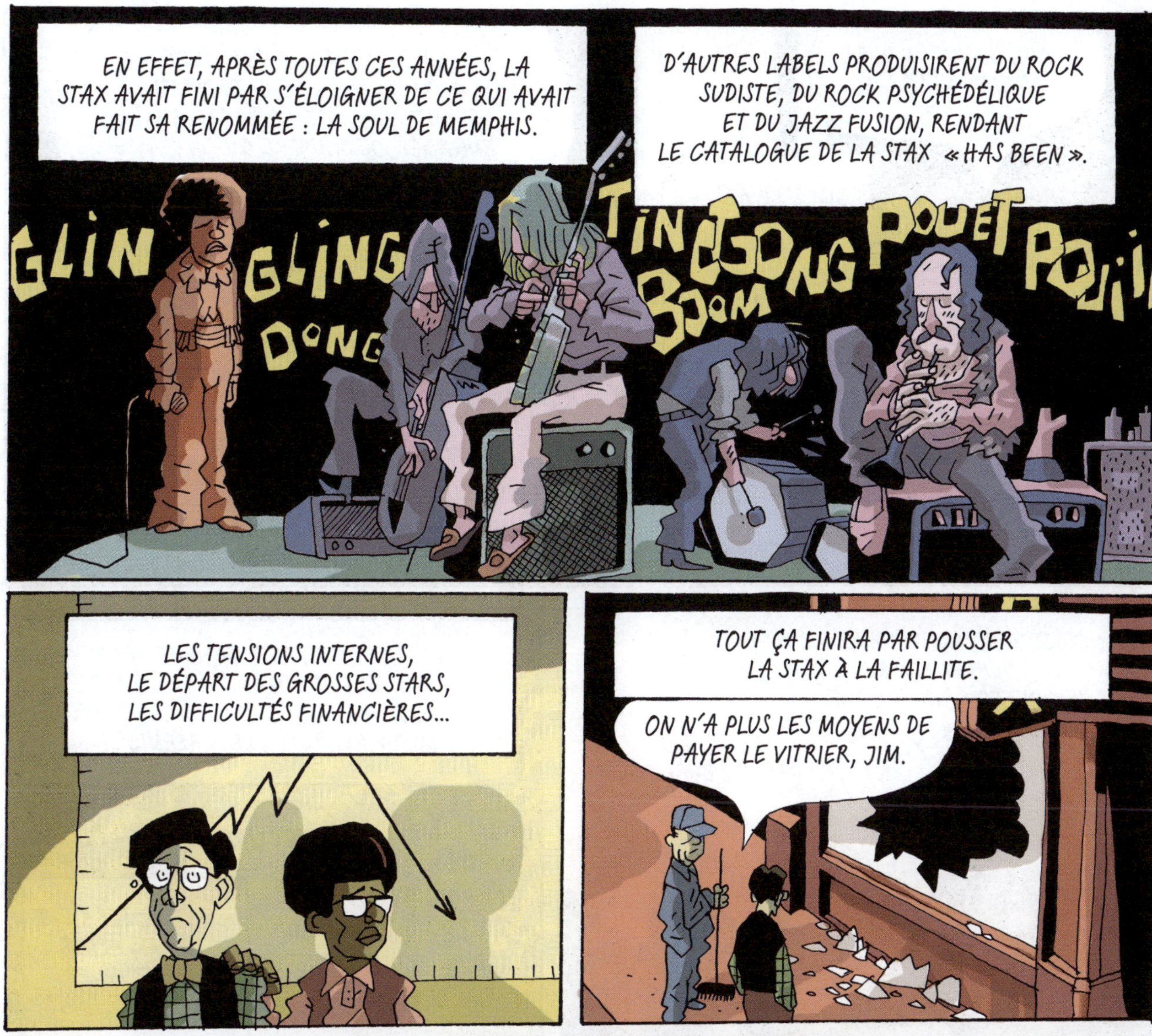

LA COMPAGNIE DE JIM STEWART FERMA DÉFINITIVEMENT EN 1975.

OUI, CE FUT UN DUR MOMENT, C'EST SÛR...
JIM STEWART, AUJOURD'HUI À 86 ANS.
LA STAX FUT UNE AVENTURE FORMIDABLE. UNE ENTREPRISE INTERRACIALE PACIFISTE ET ENGAGÉE. JE SOUFFRE QU'ON PUISSE ENCORE EN DOUTER.
C'EST VRAI, QUOI ! FAIRE CES BUREAUX DANS CE GHETTO NOIR, C'ÉTAIT PUISSANT !
AH !
LE STUDIO ! PAS CES BUREAUX !
LAMAR
LES BUREAUX, EUX, ÉTAIENT DANS LES QUARTIERS BLANCS ! LE STUDIO DANS LE GHETTO, C'ÉTAIT JUSTE POUR MIEUX RECRUTER LES TALENTS ...
ONLY WHITE
COFFEE
... QUI NE SERAIENT JAMAIS ALLER AUDITIONNER CHEZ LES BLANCS !
MEC !
MA PAROLE, TU TE PRENDS POUR LAMAR, MDR !
BEN QUOI ? C'EST VRAI !
LES NIGGERS AUX CHAMPS.
LES PATRONS À LA MAISON !
« THE COLOR DOESN'T MATTER » SAUF LE VERT, LA COULEUR DES DOLLARS, MEC !
LAMAR

JOHN GARY WILLIAMS
C'EST VRAI QU'EN DEHORS DES STUDIOS, ON NE S'ADRESSAIT PAS LA PAROLE. HUM...
EN VÉRITÉ, CHACUN RENTRAIT CHEZ SOI.
LES BLANCS CHEZ LES BLANCS.
LES NOIRS CHEZ LES NOIRS.
EN MÊME TEMPS, CELA RÉPOND À LA QUESTION : COMMENT, DANS UN TEL CONTEXTE SÉGRÉGATIONNISTE, LA STAX A-T-ELLE RÉUSSI ?
ROBERT GORDON, ÉCRIVAIN
BEN PARCE QUE NOIR OU BLANC, AU NOM DE L'ARGENT, TOUT LE MONDE ÉTAIT PRÊT À COLLABORER.
IL FAUT QUAND MÊME RECONNAÎTRE À JIM STEWART LE MÉRITE D'AVOIR TENTÉ L'AVENTURE ALORS QUE LE SUCCÈS N'ÉTAIT PAS GARANTI.
MAIS LE SON ÉTAIT PARFAIT BLANCS ET NOIRS SE TRÉMOUSSAIENT ET LES MUSICIENS ÉVITAIENT LE CLASH !
AU SON DU GLING GLING DE LA MACHINE À CASH !
CLING ! CLING !
LAMAR
LAMAR
QUOI ?!
RIEN.
LAMA
LAMAR

CINQUANTE ANS APRÈS SA CRÉATION, QUE RESTE-T-IL DE LA STAX ?
UN MUSÉE !
RETROUVEZ L'HISTOIRE DE LA STAX, SES ARTISTES, LEURS COSTUMES ET PLEIN DE TRUCS ET DE BIDULES STAX !
STAX
STAX MUSEUM
AMERICAN SOUL M
SATELLI
RECORD
BAH... ?
ON Y VA, PAPA ?
TROP COOL ! DES MAGNETS AVEC LE LOGO DU LABEL !
EH OUIIII POUR AVOIR UN FRIGO TROP SOOOOUL !
POUR 2 DOLLARS SEULEMENT !
À L'ÉPOQUE, ILS N'AVAIENT PAS PEUR D'EN FAIRE TROP ! REGARDE-MOI CETTE CHAÎNE EN OR !
N'IMPORTE QUOI !
C'EST RAPPORT À L'ESCLAVAGE, PAPA, C'EST SYMBOLIQUE...
JE CROIS.

À MEMPHIS SE TROUVENT AUSSI UN COLLÈGE, UN LYCÉE ET UNE ÉCOLE DE MUSIQUE ESTAMPILLÉS STAX.
BAM BAM
POUÊT POUÊT
BLING BLING
TAP TAP
ZING ZING
GLING GLING
À LA FIN DES ANNÉES 1990, UNE ASSOCIATION A DÉCIDÉ DE CONSTRUIRE L'ÉCOLE SUR LES RUINES DES ANCIENS LOCAUX DE LA STAX.
99 % DES ÉLÈVES SONT AFRO-AMÉRICAINS.
PERSONNE ICI NE VOULAIT JOUER DU TRIANGLE.
ALORS ON A DÉMARCHÉ LES QUARTIERS RICHES, JE VEUX DIRE BLANCS, POUR TROUVER CLIFF
DIIING
J'AI QUAND MÊME PASSÉ UNE AUDITION D'ENTRÉE ! L'ÉCOLE EST TRÈS SÉLECTIVE !
DING DING DING
POURQUOI 99 % ? PARCE QUE CES ÉLÈVES VIENNENT DES ENVIRONS : UN QUARTIER TRÈS PAUVRE OÙ VIT UNE POPULATION À « FAIBLE REVENU », COMME ON DIT AUJOURD'HUI.
À L'ÉPOQUE DE LA STAX, ON DISAIT « GHETTO NOIR ».

BREF, RIEN N'A CHANGÉ, QUOI !
NIGGA ! NIGGA ! NIGGA !
C'EST VRAI QU'ICI, À MEMPHIS, C'EST UN PEU LES ANNÉES 1960.
BAAH ! FALLAIT PAS SORTIR DE TON QUARTIER, GAMIN !
STAX
C'EST UN PEU TA FAUTE, AUSSI.
MALGRÉ TOUT, LA STAX FUT IMPORTANTE POUR LA CAUSE NOIRE. ELLE A CONTRIBUÉ À REPRÉSENTER ET DÉNONCER LES INJUSTICES SUBIES PAR UNE PARTIE OUBLIÉE DU PEUPLE AMÉRICAIN.
MÊME SI, COMME LA MUSIQUE, LE COMBAT PARAÎT ÉTERNEL.

Réactions à chaud

La Stax, la maison de disques qui a fait danser l'Amérique, par Rémi Malingrëy, Hervé Pinel et Jean-Christophe Mazurie.

2040 Les villes flottantes

Quand j'aurai l'âge de mes parents...

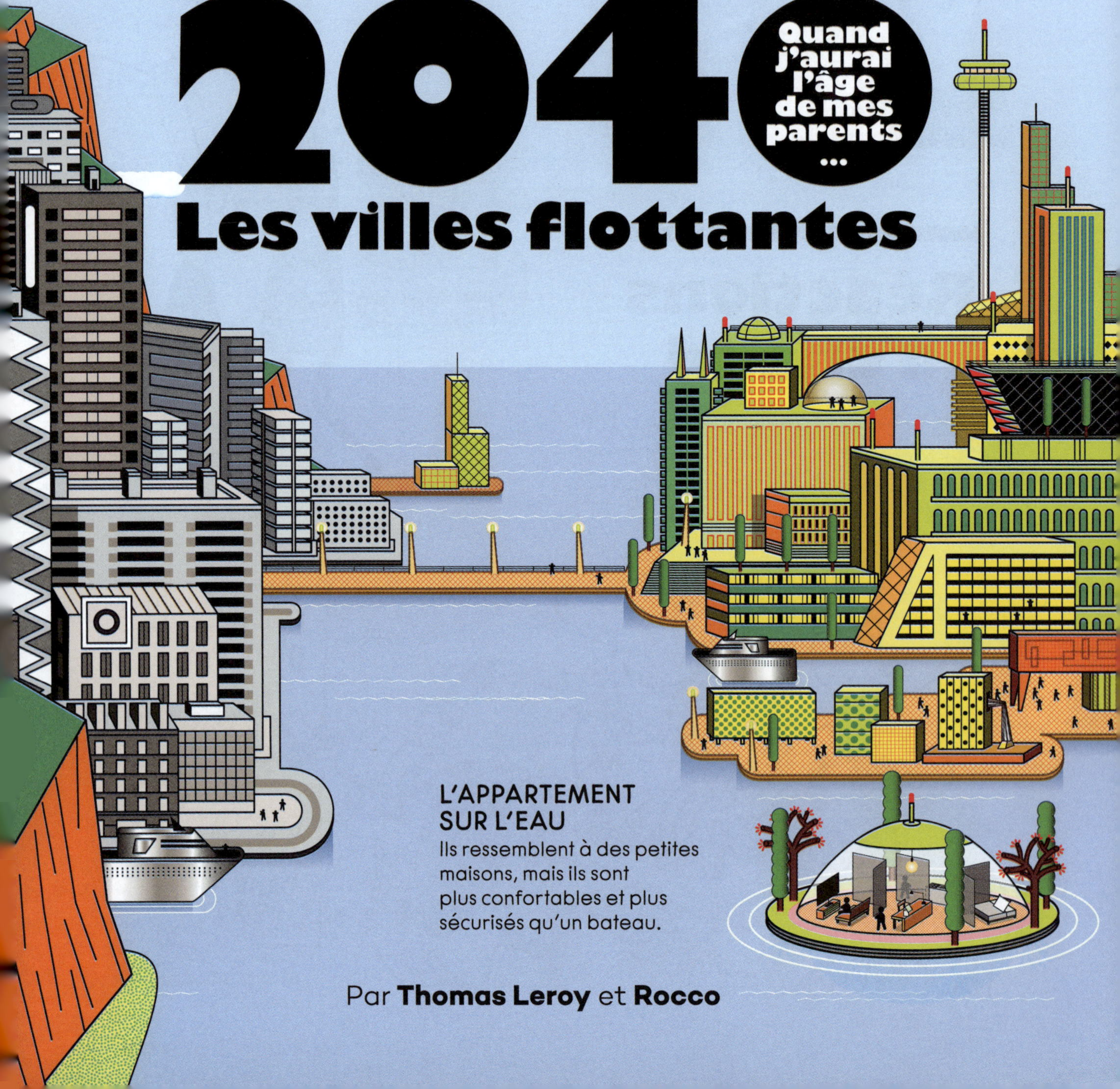

L'APPARTEMENT SUR L'EAU
Ils ressemblent à des petites maisons, mais ils sont plus confortables et plus sécurisés qu'un bateau.

Par **Thomas Leroy** et **Rocco**

LA VILLE VOLANTE

Chargées en hydrogène, un gaz très léger, ces villes en forme de ballon peuvent se déplacer sur l'eau mais aussi dans l'air s'il faut, par exemple, traverser la terre ferme.

LE PAYS FLOTTANT

Ces énormes paquebots tout équipés peuvent voguer dans les mers du monde entier sans être jamais rattachés à un pays. Leurs habitants ont créé un véritable État avec leurs propres règles et leur propre drapeau.

L'ÎLE ARTIFICIELLE

Totalement autonomes en énergie, ces grandes îles permettent aux habitants des petits pays menacés par la montée des eaux de survivre en se réorganisant sur ces énormes plateformes.

DES ÉTAGES D'HABITATION

Pour accueillir des centaines de milliers de personnes, l'île artificielle dispose de vastes logements dans sa structure, mais aussi de magasins, de parcs ou de cinémas. Comme sur la terre ferme.

UN RÉACTEUR AUX ALGUES

Un carburant écologique, produit grâce à la transformation des microalgues des océans, vient alimenter un réacteur situé au cœur de la structure pour la navigation.

UN POSTE D'OBSERVATION

Se balader dans les profondeurs de l'océan, c'est désormais possible et un excellent moyen de découvrir la biodiversité marine en restant au sec ! La partie immergée de l'île permet aussi d'assurer sa stabilité.

DE L'EAU DE PLUIE DANS LES RÉSERVOIRS

Dans un environnement salé, difficile d'obtenir de l'eau potable. L'île peut ainsi récupérer l'eau de pluie dans des grandes cuves mais aussi dessaler l'eau de mer dans des mini-usines embarquées.

UNE FERME VERTICALE

Pour nourrir sa population, elle dispose d'une véritable ferme en étages, où les légumes et les fruits peuvent pousser. Des animaux mangent les résidus de végétaux et donnent du lait ou des œufs.

DE L'ÉNERGIE RENOUVELABLE

L'île utilise toutes les énergies disponibles pour fournir de l'électricité : le vent exploité avec des éoliennes, les courants marins qui alimentent des hydroliennes ou encore le soleil capté par des panneaux photovoltaïques.

Les Classiques de Patrique

Dans son premier roman, "Claudine à l'école", Colette (1873-1954) puise des souvenirs de son adolescence pour raconter la vie de son héroïne. À sa sortie, en 1900, son livre provoque un véritable scandale.

Pas si sage...

Par **Delphine Panique**

Salut, les neurasthéniques, c'est Patriiiique !
Patrique, la motte de terre,
habillée de ses plus beaux atours de printemps !
Aujourd'hui, je vais vous parler d'une grande auteure du XXe siècle, Colette,
et de son tout premier roman, Claudine à l'école.
Sidonie-Gabrielle Colette a à peine plus de 20 ans lorsqu'elle commence à écrire ce roman, qui paraîtra en 1900.
Ne vous fiez pas à ce titre cucul, Claudine à l'école est un livre très ... coquin.
Et quand je dis coquin, je veux dire ... coquin !
clic
Et quand je dis coquin, je veux dire ...
Bref.

Les classiques de Patrique

*Pour son époque, hein, c'est pas non plus Miley Cyrus !
#commentçava, Miley #t'enesoùavecLiam Hemsworth? #surimi.

… Sympa, la copine !
Voilà Mlle Sergent, l'institutrice…
« d'une laideur flagrante, la figure bouffie et toujours enflammée, deux petits yeux noirs enfoncés et soupçonneux… »
Et puis il y a Mlle Aimée, sa jeune assistante :
« Nature de chatte caressante, délicate et frileuse, incroyablement câline… »
Hum… Continuons…
« Elle me dit un jour qu'elle sait pas mal d'anglais, et cela m'inspire un projet simplement merveilleux
Je demande à papa s'il ne voudrait pas me faire donner des leçons de grammaire anglaise.
Papa trouve l'idée géniale, comme la plupart de mes idées… »
Oui, oui, ma chérie.
LA LIMACE
LIMACE

Les classiques de Patrique

*D'ailleurs, Claudine ne se laisse pas faire, faites de même, mesdemoiselles !
#baslespattes #tutecroisoù? #harcèlementsexuel #têtedeveaumayonnaise.

Les classiques de Patrique

* En anglais, on dit "Ghost writer", soit "Écrivain fantôme", c'est plus joli !
# stopleracisme # allôl'académiefrançaise # célerirémoulade.

Rapidement, il se rend compte que sa petite femme a un don certain pour l'écriture,
et il la fait bosser !
Sans la payer, bien sûr, ou presque pas !
Manquerait plus que ça !
En réalité, c'est Willy qui a "suggéré" à Colette de rendre son livre coquin, pour qu'il se vende mieux !
Car le livre n'est pas seulement coquin, il est aussi drôle, vif, énergique,
il met en scène des jeunes filles libres, délurées, unies,
et est un des rares témoignages de la vie quotidienne dans une école de filles à cette époque-là.
Il faut savoir qu'en 1900 il y a moins de cent écoles publiques, laïques et gratuites pour filles dans toute la France !
L'instruction des filles issues de milieux populaires est encore une nouveauté !

Voilà pourquoi les quatre premiers livres de la série des "Claudine" paraissent...
CLAUDINE À L'ÉCOLE
CLAUDINE À PARIS
CLAUDINE EN MÉNAGE
CLAUDINE S'EN VA
...sous le nom de Willy !
Et les droits d'auteur, c'est pour qui ?
Pour ~~Bibi~~ Willy !
D'ailleurs, quand ils divorcent en 1906, ce bon Willy, un peu à court d'argent,
se dépêche de revendre les droits de la série aux éditeurs,
et c'est ainsi que Colette ne touchera jamais un seul centime sur ces livres.
Ah, ah, ah !
lol
Sacré Willy !
Pour gagner sa vie, elle devient actrice de music-hall
dans de petits spectacles où elle n'hésite pas à se dénuder un peu.

Colette au Moulin-Rouge
Colette dans La Chair de Georges Wague
Colette en Claudine
Et continue d'écrire, entre deux mariages, divorces, aventures avec des hommes, des femmes, des chats…
Cela dit, sans ce bon vieux Willy qui l'a mise à l'écriture, nous ne pourrions peut-être pas nous régaler avec les dizaines de romans qu'elle écrivit plus tard…
GIGI
le blé en herbe
DUO
CHÉRI
LA NAISSANCE DU JOUR
CLAUDINE à PARIS
la chatte
L'ENTRAVE
SIDO
la vagabonde
et qu'elle signa enfin… Colette !
Elle fut tout de même la première femme à devenir présidente de l'académie Goncourt !
Alors, qu'est-ce qu'on dit les petits ?
Merci Willyyyy !
ah ah

fin

Quand on pense aux barbares, on s'imagine :

On pense aussi à des gens particulièrement sanguinaires. Les terroristes sont par exemple régulièrement qualifiés de « barbares » par les hommes politiques et les journalistes. Manuel Valls, après l'assassinat du prêtre Jacques Hamel à Saint-Étienne-du-Rouvray, a ainsi promis que le pays ferait bloc face à « cette attaque barbare ».

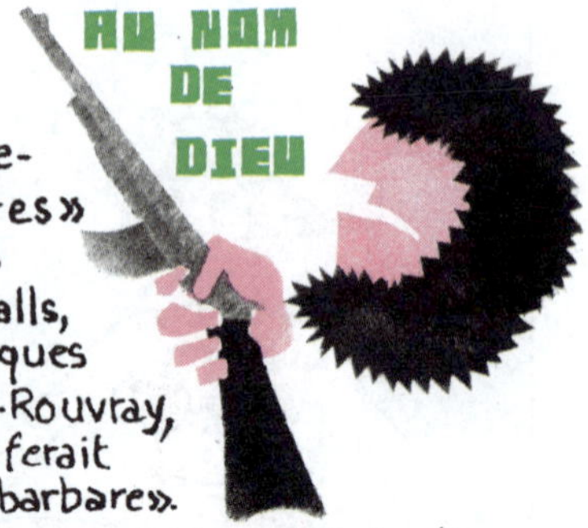

Certains médias, comme « Libération » refusent d'utiliser le mot « barbares » pour désigner les djihadistes. Car en employant ce terme, on déshumanise les auteurs des attentats : s'ils sont des barbares alors ils ne sont pas comme nous, ils sont habités par des pulsions de destruction. En refusant de les voir comme des hommes, en les rabaissant au rang de bêtes sauvages, on atténue leurs actes.

BAR

Chaque époque a ses barbares. Aujourd'hui, pour l'extrême droite, les barbares, ce sont les réfugiés. Le journal municipal de Béziers a publié en une la photo d'un groupe de migrants à bord d'un train, en y accolant le titre :

« ILS ARRIVENT »

La référence aux « invasions barbares » ayant entraîné la chute de l'Empire romain est limpide. Ce n'est pas la première fois que le rapprochement est fait entre migrants et barbares. Le polémiste Éric Zemmour a affirmé que « les grandes invasions d'après la chute de Rome sont désormais remplacées par des bandes de Tchétchènes, de Roms, de Kosovars, de Maghrébins, d'Africains, qui dévalisent, violentent ou dépouillent ». Évidemment, c'est pour nous faire peur – les étrangers n'ont pas une prédisposition génétique à la violence.

Par **Zineb Dryef** et **Donatien Mary**

La bombe A à Hiroshima

Doté de la deuxième marine du monde et d'une armée de 2 millions de combattants fanatisés autour de leur empereur, Hirohito, le Japon, qui souhaite devenir la puissance dominante dans le Pacifique, déclare la guerre aux États-Unis en 1941. Le 6 août 1945, le bombardier américain *Enola Gay* s'envole vers l'archipel nippon avec, dans sa soute, une bombe à l'uranium de quatre tonnes et demie surnommée « Little Boy ». La bombe est larguée à 8 h 15 sur Hiroshima, une ville industrielle de 300 000 habitants. 70 000 personnes sont tuées sur le coup, plusieurs dizaines de milliers sont grièvement brûlées et beaucoup d'autres mourront des années plus tard des suites des radiations. Pourtant, les dirigeants japonais ne cèdent pas devant cette attaque. Trois jours plus tard, les Américains larguent une deuxième bombe atomique sur Nagasaki (250 000 habitants). Ces deux bombes mèneront à la capitulation sans condition du Japon, le 15 août 1945, marquant la fin de la Seconde Guerre mondiale.

Né à Hiroshima, Keiji Nakazawa n'a que 6 ans lorsque les Américains larguent la première bombe atomique sur cette ville de l'ouest du Japon. Son père, son frère et sa sœur meurent sur le coup. Dans son bouleversant manga (dont le titre signifie « Gen le va-nu-pieds » en japonais) publié en plusieurs tomes entre 1973 et 1985, il retrace le parcours de sa famille, de 1945 à 1953.

Entre la famine et les persécutions dues au pacifisme militant de son père, Gen survit tant bien que mal à Hiroshima avec sa famille. Jusqu'au matin du 6 août 1945...

Traduit du japonais par Koshi Miyoshi et Vincent Zouzoulkovsky, éditions Vertige Graphic, 28 € l'intégrale 1

!

Sens de lecture original

Début de l'extrait page **125**

Extrait de **Gen d'Hiroshima** de Keiji Nakazawa

Fin de l'extrait

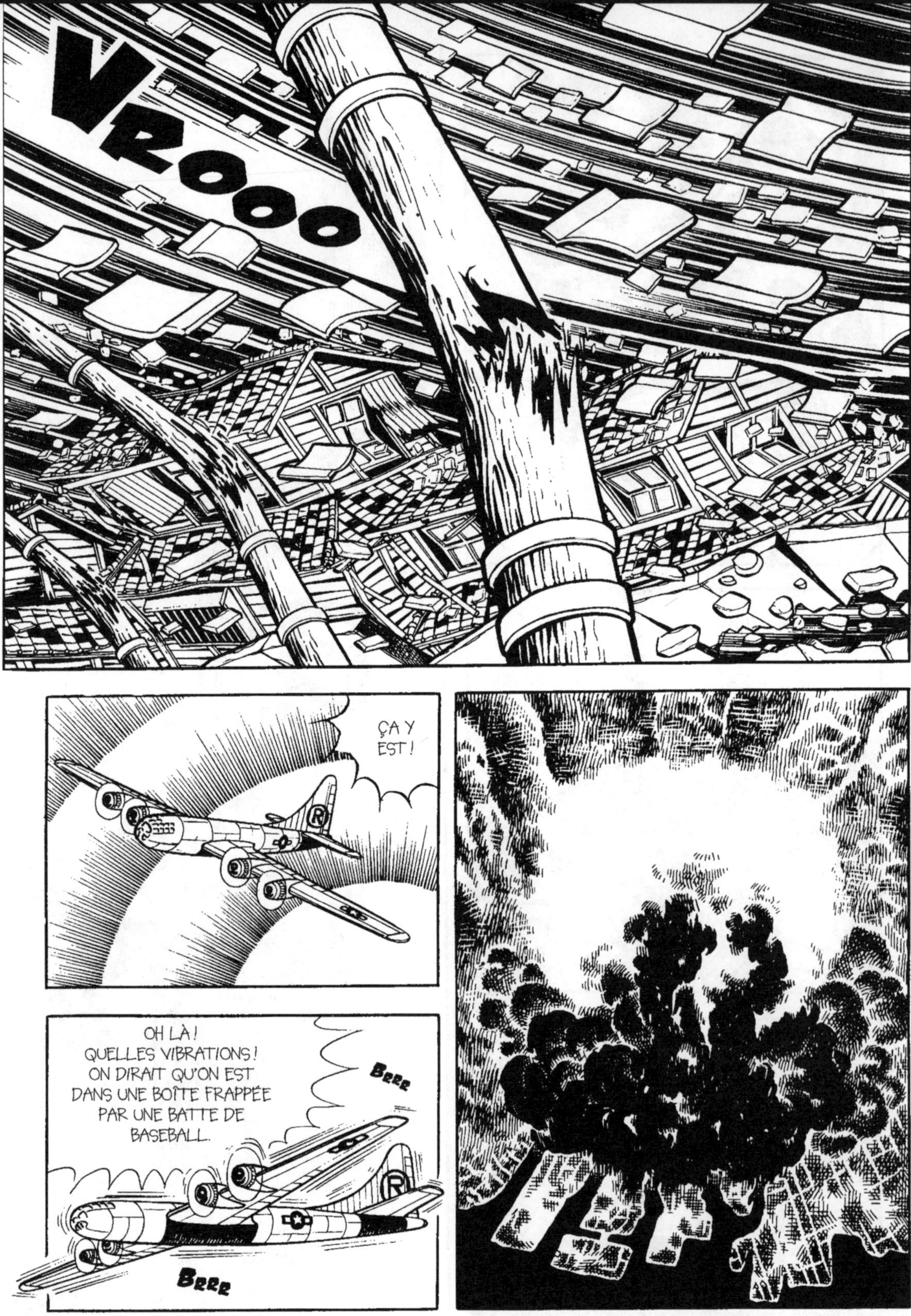
VROOO
ÇA Y EST !
OH LÀ ! QUELLES VIBRATIONS ! ON DIRAIT QU'ON EST DANS UNE BOÎTE FRAPPÉE PAR UNE BATTE DE BASEBALL.
Brrr
Brrr

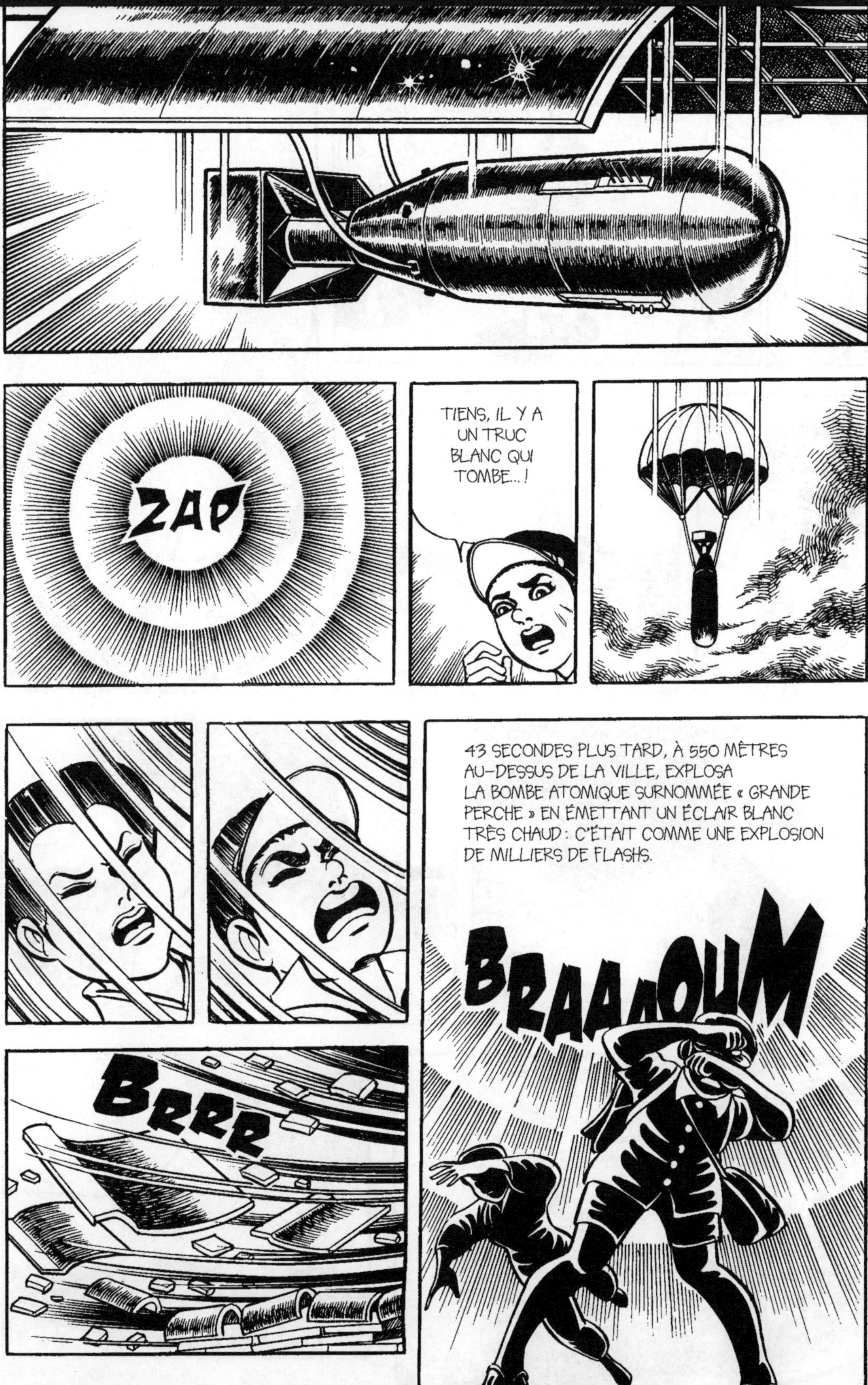
ZAP
TIENS, IL Y A UN TRUC BLANC QUI TOMBE... !
43 SECONDES PLUS TARD, À 550 MÈTRES AU-DESSUS DE LA VILLE, EXPLOSA LA BOMBE ATOMIQUE SURNOMMÉE « GRANDE PERCHE » EN ÉMETTANT UN ÉCLAIR BLANC TRÈS CHAUD : C'ÉTAIT COMME UNE EXPLOSION DE MILLIERS DE FLASHS.
BRAAAOUM
BRRR

DIS, MON PETIT.
OUI, M'DAME.. ?
DANS L'IGNORANCE QU'UNE SCÈNE INFERNALE SE PRÉPARAIT DANS LE CIEL, HIROSHIMA COMMENÇA SA JOURNÉE... COMME D'HABITUDE.
HO ?
OÙ LES ÉLÈVES DE LA PREMIÈRE ANNÉE SUIVENT-ILS LEUR CLASSE, ICI À L'ÉCOLE OU DANS UN TEMPLE ?
JE SAIS PAS, Y FAUT DEMANDER À L'INSTITU-TEUR.
C'EST BIZARRE, EN PLUS, IL N'Y A PAS D'ALERTE.
JE ME RENDAIS PAS COMPTE QU'IL VENAIT.
C'EST UN B-29.
ENOLA GAY
ON EST À 31 600 PIEDS D'ALTITUDE. ON LANCE LA BOMBE ATOMIQUE !
SON CORPS BRILLE AVEC LA LUMIÈRE DU SOLEIL.

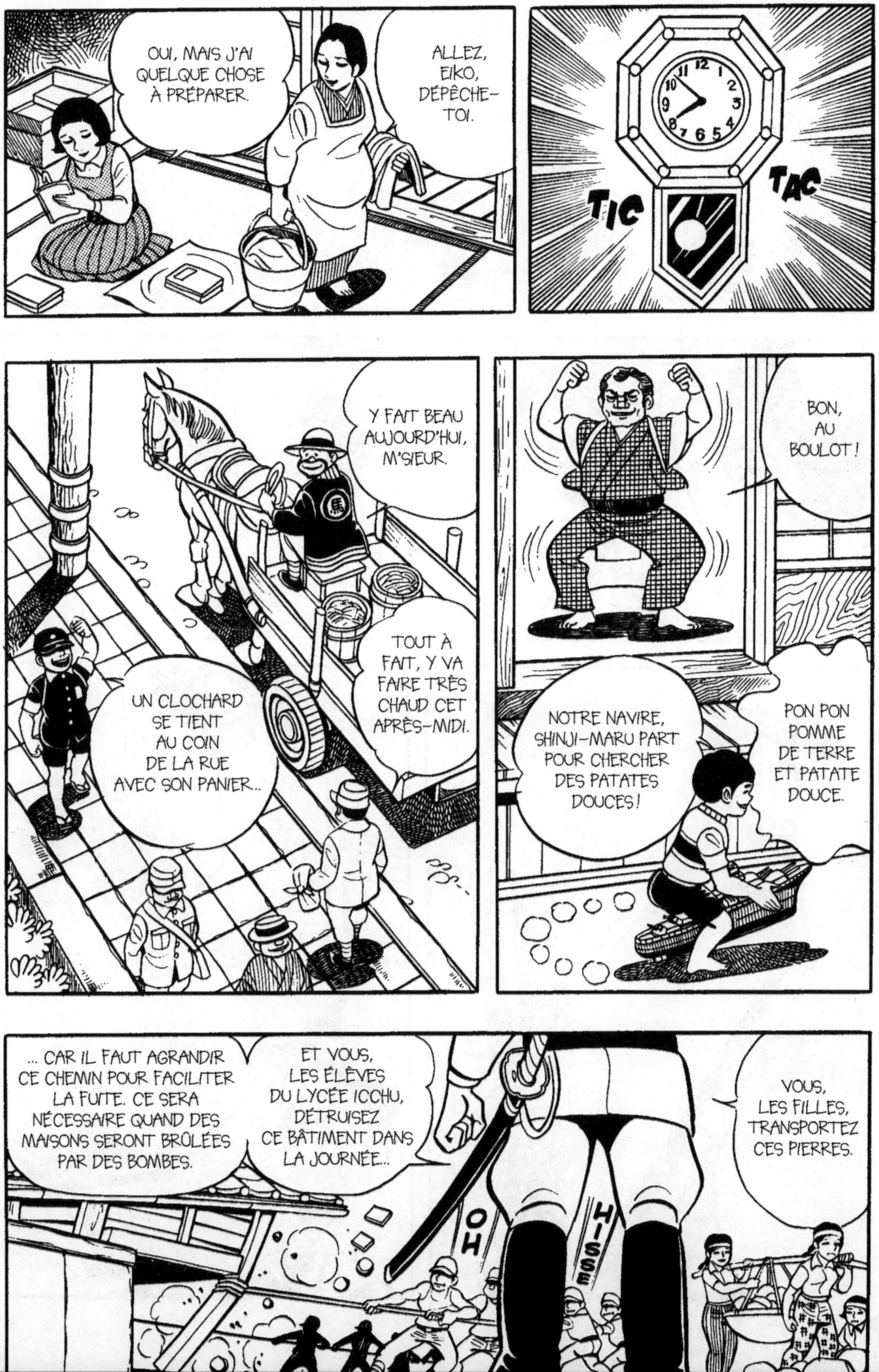
ALLEZ, EIKO, DÉPÊCHE-TOI.
OUI, MAIS J'AI QUELQUE CHOSE À PRÉPARER.
TIC
TAC
Y FAIT BEAU AUJOURD'HUI, M'SIEUR.
TOUT À FAIT, Y VA FAIRE TRÈS CHAUD CET APRÈS-MIDI.
UN CLOCHARD SE TIENT AU COIN DE LA RUE AVEC SON PANIER...
BON, AU BOULOT !
NOTRE NAVIRE, SHINJI-MARU PART POUR CHERCHER DES PATATES DOUCES !
PON PON POMME DE TERRE ET PATATE DOUCE.
... CAR IL FAUT AGRANDIR CE CHEMIN POUR FACILITER LA FUITE. CE SERA NÉCESSAIRE QUAND DES MAISONS SERONT BRÛLÉES PAR DES BOMBES.
ET VOUS, LES ÉLÈVES DU LYCÉE ICCHU, DÉTRUISEZ CE BÂTIMENT DANS LA JOURNÉE...
VOUS, LES FILLES, TRANSPORTEZ CES PIERRES.
OH
HISSE

MALHEUREUSEMENT, ELLES SONT SORTIES, PENSANT QUE LES BOMBARDIERS ENNEMIS ÉTAIENT PARTIS !
SI LA BOMBE ATOMIQUE AVAIT ÉTÉ LANCÉE À CE MOMENT-LÀ, DE NOMBREUSES PERSONNES QUI ÉTAIENT À L'ABRI AURAIENT PEUT-ÊTRE ÉTÉ SAUVÉES.
BON, EIKO, J'Y VAIS.
D'AC-CORD.
GEN, EIKO, VOUS ALLEZ ÊTRE EN RETARD.
J'SAIS.
À TOUT À L'HEURE !
FAIS ATTENTION, GEN.
UN CLOCHARD SE TIENT AU COIN DE LA RUE AVEC SON PANIER, IL DIT : HÉ, MONSIEUR, AIDEZ-MOI À REMPLIR MON SAC...
J'VEUX VRAIMENT QUE TU RENTRES VITE, GEN. JE T'ATTENDS !
GEN, RENTRE VITE. ON VA FAIRE NAVIGUER CE BATEAU !
D'AC'.

METTEZ-VOUS EN FORMATION D'ATTAQUE !
MESSAGE POUR ENOLA GAY, DE LA PART DE L'AVION D'OBSERVATION MÉTÉOROLOGIQUE, ISER LEE. IL FAIT BEAU TEMPS SUR LE PREMIER OBJECTIF D'ATTAQUE, HIROSHIMA. VOUS POUVEZ LANCER LA BOMBE ATOMIQUE !
LES JAPONAIS VONT ÊTRE SURPRIS PAR LA PUISSANCE DE LA BOMBE ATOMIQUE ET AINSI, ILS ARRÊTERONT LA GUERRE.
NOUS NOUS TIENDRONS À LA PLACE INDIQUÉE.
ON ESPÈRE QUE TOUT IRA BIEN, ENOLA GAY.
JE TE L'AVAIS DIT, C'ÉTAIT JUSTE UN VOL D'OBSERVATION.
OUF... IL ME SEMBLE QU'ILS SONT PARTIS.
L'ALERTE EST LEVÉE !
L'ALERTE EST LEVÉE !

CHÉRI...
DIS DONC, ILS ARRIVENT TRÈS TÔT CE MATIN.
C'EST LE BOMBARDEMENT !
HOOUUUUUUU
VITE !
DÉPÊCHE-TOI !
ALERTE AÉRIENNE !
T'INQUIÈTE PAS, MAMAN. C'EST ENCORE UN PATROUILLEUR, IL S'EN VA TOUT DE SUITE.
ET PUIS, TU SAIS, IL Y A UNE GROSSE LETTRE « P » SUR LE TOIT. AUCUN PROBLÈME.
ENFIN, JE L'ESPÈRE.
ON EST AU-DESSUS D'HIROSHIMA MAINTENANT.
ON LANCE UNE BOMBE ATOMIQUE À HUIT HEURES ET QUART, COMME PRÉVU.

Début de l'extrait

CHUT...

Ça n'intéresse personne

Par **Max de Radiguès**

DING DONG
Salut.
Hé...
Je vais faire l'amour...
Bientôt plus puceau !
C'était super, hein ?!
Sex, sex, sex, sex, sex, sex, sex, sex sex, sex, sex, ...
Quoi ? Euh... Ouais...
- Oh oui ! Tu fais trop bien l'amour !
- Merci, merci...
Tu dors là, dans la chambre de mon petit frère. Merci d'être venu au théâtre avec moi...
ELLIOT
Euh ...
Bonne nuit.
Mais je...
Chut... il dort déjà ...

Le Meilleur des Mondes possibles
JEAN A SUIVI MÉTIS ET DÉCOUVERT SON DOMICILE DANS UN VIEIL IMMEUBLE MENACÉ DE DÉMOLITION. PROFITANT DE SON DÉPART, IL EST ENTRÉ ET MAL LUI EN A PRIS.
MÉTIS A REJOINT TONY, ANNA ET NATHAN : MAIS CE QUI DEVAIT ÊTRE UN BANAL APRÈS-MIDI À LA PISCINE ENTRE AMIS A TOURNÉ À L'ÉPREUVE INITIATIQUE POUR ANNA.
Chaque vendredi, retrouvez les héros du **Meilleur des Mondes possibles** sur toporevue.fr dans la rubrique TOPO SÉRIE
Par **Stéphane Melchior** et **Sacha Goerg**

RETRAIT TOTAL DE LA LOI TRAVAIL
LYCÉENS AUJOURD'
CHÔMEURS DEMA
PAR ICI !
RHAAA! ÇA BRÛLE!
KOF! KOF! C'EST NUL, CETTE MANIF!
C'EST PAS LA MANIF QUI EST NULLE, C'EST LA VIOLENCE!
TIENS, PASSE ÇA SUR TES YEUX!
HÉ! TONY! ON EST LÀ!
PUTAIN, MEC, J'AI CRU QU'ON T'AVAIT PERDU! ÇA VA?
JEAN?!
MAIS QU'EST-CE QUE TU FOUS ICI?
DEUX JOURS QUE TOUT LE MONDE TE CHERCHE! T'ÉTAIS OÙ?
JE... NE SAIS... PAS...

-IL CHERCHE UN ACCÈS À LA MÉMOIRE DE L'ORBE. DÉPÊCHE-TOI, MÉTIS !
-AU RISQUE DE LE TUER, C'EST ÇA QUE TU VEUX, ZOUSS ?
-IL A TROUVÉ L'ENTRÉE !
-SANS PORTER LA CHLAMYDE D'ORICHALQUE ? C'EST IMPOSSIBLE...
OH !?
-MÉTIS ! IL ENTRE !
-JE SAIS ! JE NE PARVIENS PAS À LE STOPPER ! SA PSIKÉ EST TROP PUISSANTE !
QUI ÊTES-VOUS ?
OÙ SUIS-JE ?
KOUROS !
KOUROS !
NON ! REVENEZ !
MON NOM EST PRANA. ET TOI ?

MON NOM EST...
-ÇA Y EST ! J'AI TROUVÉ UN MOYEN DE LE BLOQUER !
JE M'APPELLE...
-C'EST TROP TARD ! TU ES TROP LENTE, MÉTIS !
-NON ! J'Y SUIS PRESQUE ! 3... 2...
MAINTENANT !
AAARH !
IL NE RESPIRE PLUS ! JE L'AI TUÉ !
NE DIS PAS DE BÊTISES : IL REVIENT À LUI...
JE SUIS... JEAN.

VRAIMENT ? IL NE T'A RIEN DIT ?
À TOI, SA SŒUR JUMELLE ?
JE VOUS LE JURE, PÈRE !
GARE À TOI SI TU MENS, JEANNE ! JE NE T'AI PAS ÉLEVÉE AINSI !
MAIS...?
ÇA SUFFIT, FRANÇOIS ! TU VOIS BIEN QU'ELLE DIT LA VÉRITÉ !
ALORS, OÙ EST-IL ?
POURQUOI N'APPELLE-T-IL PAS ?
À QUI LA FAUTE ? ON LE SAURAIT SI TU N'ÉTAIS PAS SI STRICT ! INTERDIRE LE TÉLÉPHONE PORTABLE À TES ENFANTS, C'EST ANACHRONIQUE !
EH BIEN, EUH... IL N'A QU'À SE SERVIR D'UNE CABINE...
ÇA N'EXISTE PLUS ! RÉVEILLE-TOI ! ON EST AU XXIe SIÈCLE !
IL EN A UN...
JEAN A UN PORTABLE. IL M'A FAIT JURER DE NE RIEN DIRE...
COMMENT ? MAIS ALORS... IL SUFFIT DE...
J'AI APPELÉ, AU MOINS CENT FOIS... JEAN NE RÉPOND PAS.
J'EN AI ASSEZ ENTENDU COMME ÇA !
JE VAIS VOIR LA POLICE !

JEAN!
JE SUIS... JEAN...
J'AI EU SI PEUR!
SA FIÈVRE EST TOMBÉE, IL DORT. J'AI TOUT DE MÊME APPELÉ LE MÉDECIN. JE NE L'AI JAMAIS VU SI FATIGUÉ...
QUE S'EST-IL PASSÉ? IL FAUT TOUT ME DIRE...

QUI ES-TU ?
IL NE PEUT PAS ME VOIR. MAIS TOI, MÉTIS ? POURQUOI EST-CE QU'IL NE TE RECONNAÎT PAS ?
J'AI PEUR QUE TU AIES DÉTRUIT SA MÉMOIRE !
NON, JE L'AI JUSTE ALTÉRÉE.
CE LIEU DOIT RESTER SECRET. ET MON IDENTITÉ AUSSI... DANS QUELQUES JOURS, IL REDEVIENDRA LE JEAN QUE NOUS CONNAISSONS.
MON NOM... EST JEAN.
ET S'IL SE SOUVIENT QUAND MÊME ?
EH BIEN...
TU LE LAISSES REPARTIR COMME ÇA ? TOUT SEUL ? IL EST ENCORE EN ÉTAT DE CHOC !
QU'EST-CE QUE JE PEUX FAIRE D'AUTRE ? LE RACCOMPAGNER ET SONNER CHEZ SES PARENTS ?
LEUR DIRE : "BONJOUR, JE M'APPELLE MÉTIS, JE VIENS D'UNE AUTRE DIMENSION..."

"... UNE VERSION DIFFÉRENTE DE LA TERRE - PLUS VIEILLE ET PLUS AVANCÉE QUE LA VÔTRE -, MAIS AUJOURD'HUI RAVAGÉE PAR UN TERRIBLE CATACLYSME."
"UNE CIVILISATION ORGUEILLEUSE QUI CROYAIT TOUT MAÎTRISER PAR LA SCIENCE... MAIS QUI N'A RIEN PU EMPÊCHER LORSQUE LA NATURE S'EST REBELLÉE."
"UN MONDE À L'AGONIE, DÉSORMAIS PEUPLÉ UNIQUEMENT DE FEMMES CAR LES HOMMES, FAUCHÉS PAR LES GUERRES ET RENDUS STÉRILES PAR LA POLLUTION, ONT PEU À PEU DISPARU."
"TOUTES NOS ERREURS, VOUS ÊTES EN TRAIN DE LES COMMETTRE. MAIS POUR VOUS, IL N'EST PAS ENCORE TROP TARD. C'EST POUR CELA QUE JE SUIS ICI... POUR VOUS AVERTIR ET VOUS PRÉPARER."

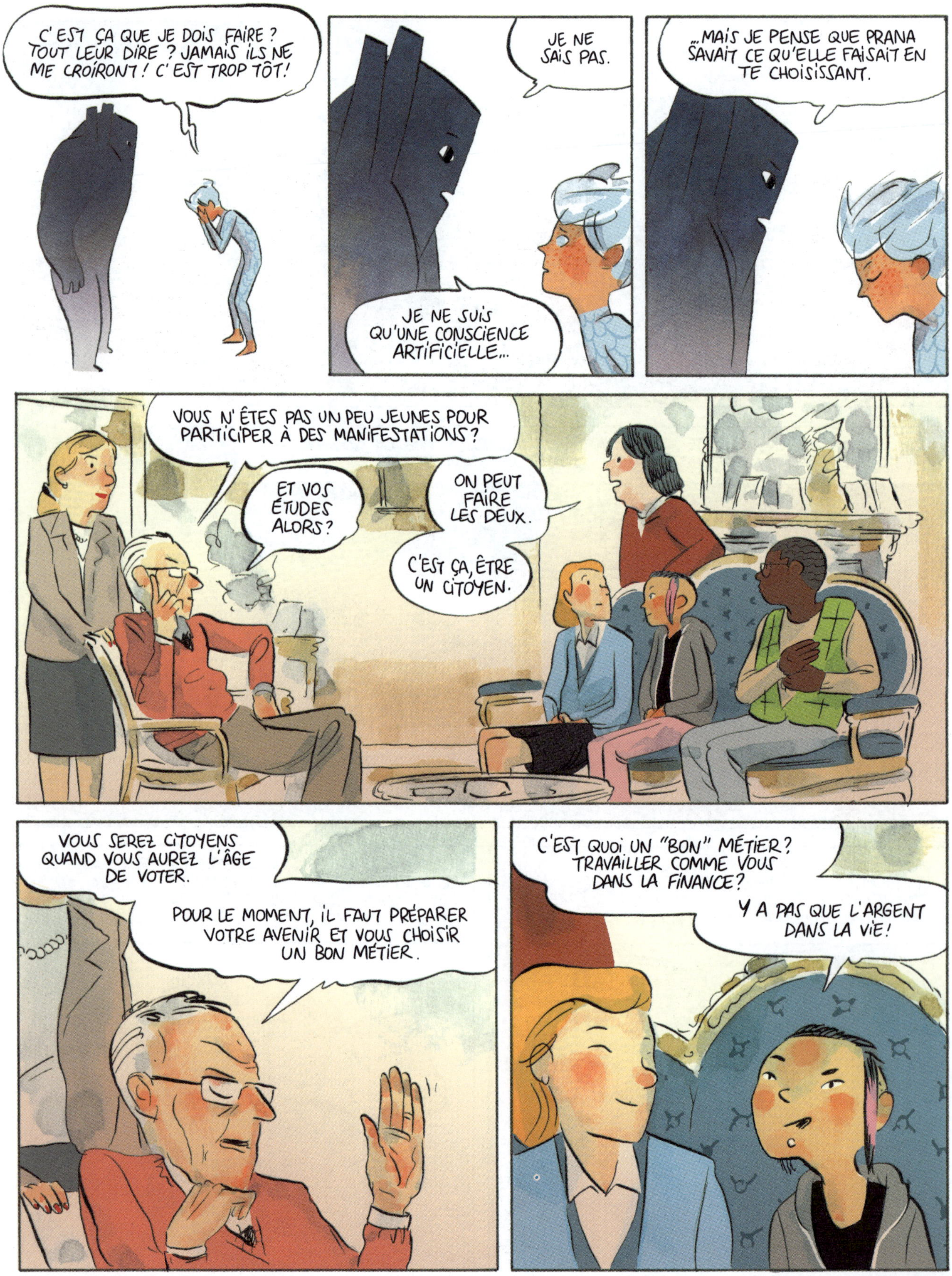
C'EST ÇA QUE JE DOIS FAIRE ? TOUT LEUR DIRE ? JAMAIS ILS NE ME CROIRONT ! C'EST TROP TÔT !
JE NE SAIS PAS.
JE NE SUIS QU'UNE CONSCIENCE ARTIFICIELLE...
...MAIS JE PENSE QUE PRANA SAVAIT CE QU'ELLE FAISAIT EN TE CHOISISSANT.
VOUS N'ÊTES PAS UN PEU JEUNES POUR PARTICIPER À DES MANIFESTATIONS ?
ET VOS ÉTUDES ALORS ?
ON PEUT FAIRE LES DEUX.
C'EST ÇA, ÊTRE UN CITOYEN.
VOUS SEREZ CITOYENS QUAND VOUS AUREZ L'ÂGE DE VOTER.
POUR LE MOMENT, IL FAUT PRÉPARER VOTRE AVENIR ET VOUS CHOISIR UN BON MÉTIER.
C'EST QUOI UN "BON" MÉTIER ? TRAVAILLER COMME VOUS DANS LA FINANCE ?
Y A PAS QUE L'ARGENT DANS LA VIE !

À suivre dans le prochain numéro...

MARQUE-PAGE

L'aventure prend parfois des formes inattendues. Dans l'obligation de faire son service militaire, Christophe Blain se retrouve embarqué à bord d'une frégate anti-sous-marine. Il s'inspirera de cette expérience marquante pour signer l'œuvre qui révélera son talent : **Le Réducteur de vitesse.**

Georges est un jeune océanographe qui doit faire son service militaire. À Brest, il embarque sur *Le Belliqueux*, un cuirassé au nom plein de promesses. Il y fait la connaissance de Louis, écrivain nouvellement engagé comme lui, et de Nordiz, le petit bosco qui, en tant que manœuvrier, « connaît le bateau par cœur ». Pour être honnête, Georges est un peu là par hasard. Si c'est l'appel du **grand large** qui l'a attiré, Louis préfère le prévenir tout de suite : « Je voulais écrire le voyage, les coups de canon, les escales, les rixes dans les bars, les filles dans les ports !... et je n'ai toujours pas vu la mer ! »

En pleine mer

Mais finalement, *Le Belliqueux* quitte le port, et la réalité s'impose à nos deux marins (d'eau douce) : la mer est grosse, le navire tangue. Georges et Louis souffrent d'un mal de mer carabiné – au point que tenir leur poste, manger ou même dormir leur soit tout simplement impossible. Comme cela ne s'arrange pas, Nordiz décide de les emmener vers **la salle des machines,** où « on sent drôlement moins les mouvements du bateau ». C'est interdit, qu'à cela ne tienne ! Commence alors une longue descente dans les profondeurs du navire titanesque.

Par **Xavier Guilbert**

Dans les entrailles du navire

Avec des couleurs franches (noir charbonneux, rouge et orange éclatants), le dessin réussit à faire vibrer la taille démesurée de l'intérieur du navire, tout en conservant l'expressivité des personnages. Christophe Blain sait comme personne retranscrire le mouvement, comme on pourra également le constater dans *Gus* ou *Isaac le pirate*. Avec malice, l'auteur s'amuse à prendre le contre-pied des récits maritimes : Georges s'imaginait en explorateur des mers, son aventure se déroulera plutôt dans la caverne sans fond de la salle des machines. On s'attendait à un univers aquatique, voilà que l'on découvre **un monde souterrain** fait de métal et de feu. On imaginait embarquer pour un long voyage, l'expédition finira par tourner court.

L'irrémédiable

Au fond, tout au fond, se trouve le fameux réducteur de vitesse, véritable cœur qui fait battre **le pouls du navire.** La moindre défaillance dans les rouages de cet organe, aussi essentiel que fragile, sonnerait la fin du *Belliqueux*. C'est dans cette grotte enfouie et paisible que, par maladresse, nos trois compères vont commettre l'irréparable... Le bateau est sérieusement endommagé, l'équipage se met sur le pied de guerre pour retrouver ceux qui ont touché au fruit défendu.

Une vie ailleurs

En fait, *Le Réducteur de vitesse* aurait très bien pu être un roman de Jules Verne, quelque part entre le *Voyage au centre de la Terre* et *Une ville fottante*, opposant la curiosité et **l'appel de l'inconnu** à la folie destructrice de l'homme. Au terme de cette relecture moderne du mythe de Jonas et la baleine, rejeté sur le rivage, Georges doit se rendre à l'évidence : il a fait fausse route. Et après un ultime adieu au monstre métallique échoué à quai, il rentre chez lui, ayant fait, comme Ulysse, « un beau voyage ».

RÉPONDS-MOI EN MP

à vos claviers !

Vous avez envie de réagir à ce que vous venez de lire dans TOPO ? Vous voulez donner votre avis ? N'hésitez pas à nous faire part de vos commentaires, nous en publierons une sélection dans notre prochain numéro : salut@toporevue.fr ou TOPO, Réponds-moi en MP, 36, boulevard de la Bastille, 75012 Paris.
Professionnels ou amateurs, vous pouvez aussi nous proposer des sujets qui vous inspirent : sujets@toporevue.fr

Toujours plus

— Pourquoi votre revue ne deviendrait-elle pas mensuelle ? Elias

— Parce que toute l'équipe travaille à mi-temps ! Je sais que certains candidats à la présidentielle parlent de supprimer les 35 heures mais ici, à TOPO, on préfère le partage… Partage de l'information, partage des opinions et surtout partage des tâches ménagères (d'ailleurs, je ne sais pas qui c'est, mais il y a quelqu'un à la rédaction qui ne nettoie pas sa tasse à café ! Si je le chope, ça va barder !). Alors relax Elias, vous avez deux mois pour lire votre TOPO, profitez-en ! C'est bon de prendre son temps !

Musique connectée

— Bonjour, le concept de TOPO est vachement sympa, l'actu en bande dessinée, c'est une très bonne idée. Et puis, c'est franchement bien d'avoir une revue sans pub, surtout que du coup vous pouvez ironiser là-dessus avec vos fausses publicités. Le seul truc que je trouve dommage, c'est que la rubrique « Ça part en live » ne développe pas assez la musique et la discographie des groupes. Même si l'idée de parler d'une petite facette d'une culture rock est assez sympa et que les groupes que vous évoquez sont tous très bons, ça mériterait peut être un peu plus de pages. Gauthier

— Bonjour Gauthier ! C'est vrai qu'on n'a pas insisté sur la discographie, car c'est le genre d'infos qu'on trouve partout et facilement. Ici, à TOPO, on part du principe que vous, nos chers lectrices et lecteurs, êtes ultraconnectés et que c'est le style de trucs que vous allez chercher directement sur Internet quand vous ne savez pas. Un peu comme ces policiers scientifiques dans les séries américaines. Quant au fait d'ajouter des pages, cela impliquerait un coût supplémentaire. Pour le financer, il faudrait soit augmenter le prix de TOPO, soit mettre de la publicité et nous vous aimons trop pour vous imposer l'un ou l'autre…

Culturepub

— Bonjour TOPO, j'ai été choqué par la page de pub sur les déguisements NARCOS dans TOPO #3. Vous expliquez comment devenir « un authentique baron de la drogue sud-américain », mais nous, à l'école et à la maison, on nous dit que la drogue c'est mal. Vous tournez ça à la rigolade, alors que j'ai des copains qui fument des joints et qui sont en train de rater leur année scolaire. Thibault

— Thibault, vous soulevez une question de société des plus importantes, mais aussi des plus graves : peut-on rire de tout ? J'aurais tendance à répondre oui, mais si on me pose cette question avec une Kalachnikov, je vous dirai NON sans hésiter ! Cette fausse page de pub, car c'est une fausse publicité, rappelons-le, propose deux modèles culturels grotesques : agent de la DEA (agence américaine de lutte contre le trafic de drogue) ou Narcos (narcotraficant mexicain) ! Vous devez faire un choix, pour continuer dans le caricatural, entre le bien et le mal… Sauf que, dans ce cas précis, il n'est pas évident de choisir, les deux personnages ayant l'air super cool ! Pourquoi ? Parce que cette publicité utilise des stéréotypes d'une énormité incroyable. Un peu comme dans une vraie pub, d'ailleurs ! Thibault, il faut toujours faire attention à ce que vous vend une publicité ! Elle peut vous vendre n'importe quoi si vous ne faites pas attention. En tout cas, c'est comme ça que les concepteurs de cette fausse pub nous l'ont vendue.

Fan de TOPO

— Cher TOPO, je voulais te féliciter et t'encourager pour la suite, parce que t'es quelqu'un de bien. Ce n'est pas tous les jours qu'on rencontre pareille personne. D'ailleurs, j'ai parlé de toi autour de moi, et je suis loin d'être ta seule admiratrice ! Je ne souhaite qu'une chose : c'est que tu saches conserver toutes tes qualités au fil des numéros – rester intègre. C'est ce qu'il y a de plus dur. Mais j'ai confiance, tu t'es bien entouré ! Alors bon vent, cher TOPO, encore bravo et surtout, à très bientôt !
Célia

— Merci, c'est très sympa, mais est-ce une raison pour se tutoyer ? Non, je dis ça parce que moi, on m'oblige à vous vouvoyer, alors je ne vois pas pourquoi je serais le seul à suivre cette règle à la noix !

Point de vue

— … Votre revue est vraiment très bien faite ! Les origamis, c'est sympa les origamis… … des petits tutos… des DIY… life hacks… ou des trucs comme ça … enfin bon… … j'aime beaucoup les trois petits points… … oui vraiment… … merci !… …
Gaspard

— Hé Gaspard !!! Génial !!! Moi, c'est les points d'exclamation !!! J'adore ça !!!! Bon !!! Des trucs comme ça, comme vous dites, il y en aura encore plein !!! Continuez à nous lire !!! Au fait !!! Vous saviez que dans les mangas, les bulles remplies de points de suspension traduisent des moments d'hésitation dans les échanges entre les personnages ?!!!

RENDEZ-VOUS

L'agenda de TOPO

Pour nous suivre, cliquez sur TOPO BUZZ dans Toporevue.fr

Le 3 mars

Pour le lancement de TOPO #4, retrouvez toute l'équipe de TOPO à la librairie L'Humeur Vagabonde, à Paris.
> 44, rue du Poteau, 75018 Paris.

Du 13 au 19 mars

À Paris, la péniche *Grande Fantaisie* vogue sur la musique soul. Invité d'honneur, TOPO y présente une expo et organise deux rencontres : le jeudi 16 au soir pour les adultes et le dimanche 19 pour les plus jeunes.
> La péniche *Grande Fantaisie*, 9, quai de l'Oise, 75019 Paris.

Le 22 mars

Journée du dessin de presse et d'humour pour la jeunesse, à Chaumont, avec un atelier organisé par l'équipe de TOPO.
> 1, place des Arts, 52000 Chaumont.

Du 24 au 27 mars

Salon du livre de Paris. L'équipe de TOPO, entourée de certains de ses auteurs, sera là. Venez nous rencontrer sur le stand !
> Paris Expo, porte de Versailles, 1, place de la Porte-de-Versailles, 75015 Paris.

Du 7 au 9 avril

Les Rencontres du 9ᵉ Art (Festival de bande dessinée et autres arts associés) à Aix -en-Provence. L'équipe de TOPO y sera avec Lisa Mandel, Donatien Mary et Marion Mousse.
> Toutes les infos sur bd-aix.com

Le 13 et 14 avril

À La Rochelle, TOPO organise des rencontres. À la librairie Gréfine (57, rue Saint-Nicolas, 17000), à la médiathèque de Lagord (12, rue des Hérons, 17140) et à la médiathèque de Mireuil (28, place de l'Europe 17000).

Du 21 au 24 avril

Festival Le livre à Metz, avec l'équipe de TOPO.

C'est quoi un flash ?

Un FLASH est un petit épisode du *Meilleur des Mondes possibles* qui nous en apprend plus sur la vie d'un personnage !

Flashez sur toporevue.fr

***Le Meilleur des Mondes possibles* est la série dessinée de TOPO. Dans chaque numéro, découvrez un nouvel épisode des aventures de Anna, Nathan, Jean, Jeanne et Métis. Aux manettes de cette série se trouvent le scénariste Stéphane Melchior et le dessinateur Sacha Goerg. Mais comme deux mois, c'est long, retrouvez les héros de la série tous les vendredis sur notre site (toporevue.fr) et sur Snapchat (TOPORevue) pour un FLASH inédit ! Comme vous l'avez peut-être déjà remarqué, le dessin de la version numérique est différent ! C'est normal, les FLASHS sont écrits par Chloé Alibert et dessinés par Pierre Ferrero.**

TROMBINO

Mrzyk & Moriceau
Nous travaillons à quatre mains sur des feuilles blanches, sur les murs d'une expo ou dans un film d'animation.

François Ayroles
Comment ? Vous n'avez pas encore lu *L'Amour sans peine* à L'Association ? ! Haha ! ! !

Daphné Rousseau
Je suis correspondante pour l'AFP à Jérusalem depuis (presque) Mathusalem.

Bruno Mangyoku
Illustrateur, je fais aussi des dessins animés. C'est ma première bande dessinée.
behance.net/brunomangyoku
@brunomangyoku sur instagram

Matthieu Méron
J'ai toujours aimé dessiner et j'ai la chance de travailler pour la presse et l'édition.
matthieumeron.com

Pierre Corbinais
Créateur de jeux vidéo, je défriche depuis six ans des jeux expérimentaux sur mes deux sites.
oujevipo.fr
shakethatbutton.com

Halfbob
Né en 1974, j'ai participé à plusieurs fanzines avant de me lancer dans la BD et j'ai dessiné quelques pochettes de disque.

Guillemette Faure
Journaliste, je tiens une chronique à *M le Magazine du Monde*. *American Dream* vient de sortir en poche au Point Seuil.

Kristian Hammerstad
Illustrateur et auteur de bande dessinée, je vis à Oslo, en Norvège.

Amélie Mougey
Journaliste, dévoreuse de bande dessinée, je rêve de faire parler les abeilles.

Benjamin Adam
Auteur de bande dessinée, j'ai collaboré plusieurs fois à *La Revue Dessinée* et mon dernier livre paru est *Joker* (éd. La Pastèque).

Pochep
Auteur de bande dessinée, je collabore régulièrement à *La Revue Dessinée* et à *Fluide Glacial* et je tiens un blog, le Politburo.
pochep.fr

Pauline Auzou
Longtemps au service éditorial de l'agence VU, je suis aujourd'hui responsable photo du magazine *Vogue Paris*.

Antony Huchette
Je fais des dessins et des très bonnes purées !
antonyhuchette.com

Lætitia Bianchi
J'habite au Mexique, où vivent des jaguars mais pas de tigres {journal le-tigre.net}

Felder
J'écris des textes humoristiques et je fais griller des viandes tristes. Snif !

Bernard Khattou
Scénariste et dessinateur, j'ai été un membre fondateur de la maison d'édition Les Requins Marteaux. Je collabore régulièrement à *Psikopat*.

Cizo
Directeur artistique pour l'édition, on me retrouve tous les mois au sommaire de *Fluide Glacial* et *Picsou magazine*.

Dessin **Loïc Froissart**

Anouk Ricard
Normalement je ne dessine que des animaux, mais depuis que j'ai un chien, je dessine des humains.

Géraldine Ruiz
Journaliste itinérante, je ne pose jamais mon sac très longtemps. Je parcours les continents en trimballant un nombre suspect de carnets dans mon sac.

Marion Mousse
Dessinateur et scénariste, j'aime travailler aux terrasses des cafés.

Jean-Christophe Mazurie
Je suis auteur de livres jeunesse sur le tard et également de bande dessinée sur l'encore plus tard. Mon dernier livre : *Les Tueurs* (éd. Vide Cocagne)
jcmazurie.wordpress.com

Rémi Malingrëy
Je collectionne les trognons de pomme, les chiens en plâtre et je fais super bien la tarte aux mirabelles.
remimalingrey.com

Hervé Pinel
Illustrateur, je travaille aussi bien pour la presse, la publicité que l'édition.

Thomas Leroy
Pas toujours très présent, je préfère parler du futur, notamment au *Parisien Magazine.*
@leroy_thomas

Rocco
Illustrateur et graphiste, je réalise aussi *Mon lapin quotidien* pour L'Association, où *Mon hororscope illustré* révèle sans fard votre destin.

Delphine Panique
J'ai publié trois bandes dessinées (chez Misma et Les Requins Marteaux) et je vis à Toulouse avec ma fille et mon chat.

Zineb Dryef
Journaliste, j'écris surtout pour le journal *Le Monde.*

Donatien Mary
Dessinateur, illustrateur, graveur... Bientôt, *Le Premier Bal d'Emma* (éd. 2024).

Max de Radiguès
Auteur et éditeur chez l'employé du Moi. Dernier titre paru, *L'Âge dur.*
maxderadigues.com
twitter.com/maxderadigues

Stéphane Melchior
Après avoir été historien de l'art puis éditeur, je suis devenu scénariste. La vie est bien faite.

Sacha Goerg
Je suis auteur et éditeur chez L'Employé du moi, où mon dernier album, *Nu,* vient de paraître.
sachagoerg.com

Xavier Guilbert
De mémoire, j'ai toujours lu de la bande dessinée. Désormais sur du9 et dans TOPO, j'en parle aussi.
@xguilbert

Loïc Froissart
Illustrateur et auteur, mon dernier album : *Ma cabane* (éd. du Rouergue).
loicfroissart.com

Lisa Mandel
La bd-reportage, c'est mon dada. Dans mon blog, je croque les enfants d'une école de la Seine-Saint-Denis qui suivent, comme nous, la campagne électorale de 2017.
lisamandel.blog.lemonde.fr

DREAM TEEN

Par **Lisa Mandel**